ÉDOUARD VICQ

CENT CHANSONS

PRIX : 3 Francs.

NANCY
N. COLLIN, IMPRIMEUR-ÉDITEUR,
Rue de Guise, 21.
1869.

L'auteur de ce volume a mis en musique les chansons qu'il renferme. Soixante et une sont publiées par M. Benoit, éditeur de musique, 31, rue Meslay, Paris.

M. Benoit consent à réduire, au profit des détenteurs de ce livre, les prix ordinaires de la vente de musique.

On pourra se procurer chez lui les chansons en petit format moyennant 20 centimes et les chansons grand format avec piano, moyennant 50 centimes.

Le titre des chansons publiées est, à la table, précédé d'un astérisque.

CENT CHANSONS.

On recevra franco le recueil de M. Ed. Vicq, en envoyant un mandat de poste de trois francs à M. Collin, éditeur.

Pour paraître prochainement :
Portraits, chansons, contes et boutades, par Ed. Vicq.

Poésies. — Un volume.

ERRATA

PAGES	VERS	LIZEZ	AU LIEU DE
9	1	tout	toute.
10	2	liberté	l berté.
27 28 29 30 31	refrain	capucin !	capucin.
80	9	lorette	lorrette.
83	3	aux pieds	au pied.
109	14	user d' c' moyen	user c' moyen.
118	11	sous l' nez	sous le nez.
119	9	disses	dises.
120	2	ou	où.
120	16	fâche	fâches.
124	8	savant	savent.
128	20	gratuite	graduite.
141	4	va-t-en	vas-t-en.
142	7	l' maire	le maire.
149	11	Boit-sec	Boit sec.
162	2	eût	eut.
170	10	lasse	laisse.
182	6	raccommode	racomode.
223	7	de roués	des roués.
255	10	eût	eut.
280	6	J' prendrai	J' prendrais.
282	10	frissonne	frisonne.
314	12	J'ai	Jai.
316	3	qu'elle	quelle.
336	6	hommage	hommages.
359	12	excédants	excédents.

CENT CHANSONS

AU DIABLE LA PRÉFACE.

Malheureux !... m'ont dit mes amis,
Sans préface tu fais un livre !...
Ce crime n'est jamais commis
Par un poète qui sait vivre!
— Je n'en veux pas, car un auteur
Sait bien qu'un honnête lecteur,
Qui ne veut pas bâiller, la passe.
    Au diable la préface !

La préface n'est-elle pas
Toujours chagrine en ce bas monde ?
A chaque instant, à chaque pas,
Elle déborde et nous inonde.

Tout petit, on m'a dit souvent :
« Apprends à lire, sois savant, »
Ou de la verge on me menace !...
    Au diable la préface !

Quand sonnèrent mes dix-huit ans,
Je sentis bondir en mon âme
De l'amour les premiers élans ;
Je rêvais un baiser de femme ;
Pour mon début, je rencontrais
Une fille aux douteux attraits,
Huit jours après, quelle grimace !
    Au diable la préface !

Fi ! des amours qu'il faut payer !
On a souvent plus qu'on n'achète ;
Je voudrais bien me marier,
Mais l'avant-propos m'inquiète !
Comme un phoque il faut soupirer,
Puis à sa belle on doit jurer
Qu'on brûle, alors qu'on est de glace !
    Au diable la préface !

Je voulus remplacer l'hymen
Par un emploi diplomatique ;
Mais il fallait un examen,
On m'interroge en politique :
Je réponds que le blanc est blanc ;
Vous êtes, m'a-t-on dit, trop franc,
Changez d'allure ou pas de place ;
                Au diable la préface !

Depuis trois mois je suis souffrant,
On m'annonce un révérend père :
« Mon fils, me dit-il en entrant,
« Que la terre vous soit légère !
« Pour que vous descendiez en paix
« Dans la tombe, faites un legs
« Aux disciples de saint Ignace... »
                Au diable la préface !

Enfin, sur le point de mourir
Grâce aux soins de docteurs célèbres,
Près de moi, je vois accourir
Un commis des pompes funèbres ;
Il me dit d'un ton fort civil :

« Quel convoi, Monsieur, voudra-t-il ?
« Qu'il choisisse, avant qu'il trépasse ; »
  Au diable la préface !

Vous le voyez !... Sans y songer
Je fais ce qu'il faut qu'on évite ;
Le lecteur saura m'infliger
Le châtiment que je mérite
J'entends à travers ses sifflets :
« Est-il sot avec ses couplets
« Ce faux monnayeur du Parnasse ! »
  Au diable sa préface !

LA LYRE BRISÉE

ADIEU A BÉRANGER.

Dieux ! qu'ai-je vu ? Lisette toute en larmes !
Hélas ! pourquoi ces funèbres atours ?
Pourquoi de deuil revêtir tous ces charmes,
Qu'ont tant de fois célébrés les amours ?
« Ah ! dans mes pleurs, dit-elle, tu peux lire
« Que j'ai perdu celui qui me chantait !
« Cruelle Parque ! elle a brisé la lyre
« Du chansonnier que la France adorait. »

Dieux ! qu'ai-je vu ? Toi, ravissante Flore,
Dis-moi pourquoi ces sanglots et ces pleurs.
Les dieux ont-ils anéanti l'aurore,
Le doux printemps, les amours et les fleurs ?
« Hélas ! pour moi, dit-elle en son délire,
« Roses, printemps, amours, tout disparaît :
« Les noirs cyprès ont étouffé la lyre
« Du chansonnier que la France adorait. »

Dieux ! qu'ai-je vu ?... Tu pleures, toi si fière,
Toi, l berté ? pourquoi tant de douleur ?
Les potentats auraient-ils de la terre
A tout jamais exilé le bonheur ?
En gémissant, à peine elle peut dire :
« Ah ! béni soit celui qui me rendrait
« Le noble cœur, la courageuse lyre
« Du chansonnier que la France adorait. »

Dieux ! qu'ai-je vu ?... Fantôme magnanime !
C'est le héros d'Arcole et d'Iéna ;
Il tend les bras au poète sublime
Qui, si longtemps au monde, le chanta.
« Ah ! viens, dit-il, dans le céleste empire,
« Vois, parmi nous une place attendait :
« Pour ses concerts l'Eternel veut la lyre
« Du chansonnier que la France adorait. «

Anacréon, Pindare, Ovide, Horace,
Vous souriez à ce nouvel élu ;
Jusques aux cieux, en suivant votre trace,
Par vous, il est demi-dieu devenu.

Mais la chanson avec sa voix expire ;
Car, après lui, quel mortel oserait
Faire vibrer les cordes de la lyre
De Béranger que la France adorait.

LE DOCTEUR BON-SENS.

On se rit des épidémies,
Grippe, typhus ou choléra :
Nos savantes académies
Se font un jeu de ces maux-là ;
Mais leur science est confondue
Devant la malade Raison :
Elle se meurt sans guérison,
Les hommes, hélas ! l'ont perdue.
Un seul docteur, c'est le Bon-Sens,
Pourrait guérir ces pauvres gens !

Autrefois, on le sait, nos pères
Au hasard ne demandaient rien :
Par l'ordre et le travail prospères,
Sans cesse ils augmentaient leur bien.
Aujourd'hui, sans qu'on se l'explique,
On voit l'homme le plus prudent
Changer son bel et bon argent

Pour des actions du Mexique.
Docteur Bon-Sens, docteur Bon-Sens,
Guérissez donc ces pauvres gens !

On veut exterminer Bellone
Dans des discours fort bien tournés ;
Mais, comme hochets, chacun donne
Des révolvers aux nouveaux-nés.
Pour en finir avec le monde,
Comptant pour rien les médecins,
On sait inventer des engins
Tuant mille hommes par seconde.
Docteur Bon-Sens, docteur Bon-Sens,
Guérissez donc ces pauvres gens !

La littérature a la fièvre.
Nous trouvons en plus d'un écrit
L'école du civet sans lièvre
Et de la gaité sans esprit.
De nos fous voyez la cohue,
Ne comprenant plus Béranger,
De ses bravos encourager
La femme à barbe ou *L'pied qui r'mue*.
Docteur Bon-Sens, docteur Bon-Sens.
Guérisssez donc ces pauvres gens !

Pour couvrir la dette publique,
On augmente les traitements ;
Mais on supprime la musique
Dans la moitié des régiments..
« Duruy n'est qu'un pédant, un cuistre ! »
S'écrie un frère ignorantin
Qui compte bien, quelque matin,
Remplacer l'éminent ministre.
Docteur Bon-Sens, docteur Bon-Sens,
Guérissez donc ces pauvres gens !

Seule, la pauvre espèce humaine
De cette fièvre a les accès,
Et toute tentative est vaine
Pour en modérer les excès;
Les animaux semblent sourire
En voyant les hommes si fous ;
Et, dans son chant égal et doux,
Le rossignol a l'air de dire :
« Docteur Bon-Sens, docteur Bon-Sens,
Guérissez donc ces pauvres gens ! »

MON LIVRE D'HEURES.

Je trouve Dieu dans la grande nature,
    Elle a mis la foi dans mon cœur ;
L'herbe qui croît, le ruisseau qui murmure,
Le rossignol chantant sous la ramure,
    M'ont révélé le Créateur.

Je vois partout sa grandeur, sa puissance
    Et partout mon infimité,
Le monde entier respire sa présence
Et, sans effort, ma prière s'élance
    Aux pieds de son infinité.

Pourquoi vouloir qu'à genoux je le prie
    Sous des murs sombres et glacés,
Sa majesté me paraît amoindrie
Par du latin qu'on torture et qu'on crie
    A des heures, des jours fixés.

Pour l'adorer, l'univers, son ouvrage,
    M'offre ses somptueux autels ;
Pour le chanter, le zéphir et l'orage,
Selon son gré terrible ou doux langage,
    Voilà ses chantres immortels.

Pour éclairer et mon cœur et mon âme,
    Ce n'est point un cierge qu'il faut ;
De l'arc-en-ciel la splendide oriflamme
Et de l'éclair l'éblouissante flamme
    A mon esprit parlent plus haut.

L'air, l'océan, les oiseaux, le tonnerre
    Prêchent des sermons où j'apprends
A croire en Dieu, l'Eternelle lumière,
Voilà le livre où je lis ma prière,
    Et ce livre je le comprends.

PARDONNONS AU PROCHAIN.

N'imitons pas la cruelle manie
De ces méchants deshérités du ciel,
Qui, sans pitié, sèment la calomnie,
Et dont le cœur distille un âcre fiel.
Blâmer autrui, c'est manquer de prudence :
D'être impeccable, on n'est jamais certain,
Nous avons tous tant besoin d'indulgence,
Qu'il faut savoir pardonner au prochain.

Si d'un époux malheureux en ménage
Le triste sort amuse quelquefois,
Gardons-nous bien d'un malin persiflage,
A de tels jeux, on se brûle les doigts.
Contentons-nous de le plaindre en silence,
Ne rions pas, car le mal n'est pas loin,
Nous avons tous tant besoin d'indulgence
Qu'il faut savoir pardonner au prochain.

De sa moitié, belle, aimable, bien faite,
Parfois Monsieur néglige les attraits,
Pour ceux, dit-on, d'une jeune soubrette,
Au grand œil noir, au minois doux et frais.
Un tel écart ferait crier : Vengeance !
Mais pourquoi donc se montrer inhumain ?
Nous avons tous tant besoin d'indulgence,
Qu'il faut savoir pardonner au prochain.

Assis à table entre Rose et Marie
Si mon voisin, brûlant des plus doux feux,
Dit au dessert une plaisanterie
Et parfois même un propos graveleux,
Applaudissons l'ivresse qui commence,
Fermons les yeux, s'il chancelle à la fin,
Nous avons tous tant besoin d'indulgence,
Qu'il faut savoir pardonner au prochain.

Auprès de vous, ma voisine charmante,
Il est aisé de perdre la raison,
Votre main verse une mousse enivrante,
De votre esprit, j'ai senti l'aiguillon.

Si mes chansons chiffonnent la décence,
Ne grondez pas... mais dites mon refrain :
Nous avons tous tant besoin d'indulgence,
Qu'il faut savoir pardonner au prochain.

LES SINGES.

On raconte qu'en Amérique,
 Les vieux singes ont fait
Une petite république,
 Où tout serait parfait,
S'ils n'avaient eu la maladresse,
 La sotte ambition,
D'imiter notre humaine espèce,
 Quelle prétention !
  Hélas ! pauvres bêtes,
  Que faites-vous là ?
  Folles que vous êtes,
  Voyons si c'est çà.

Je voulus voir ce phénomène,
 Et je viens d'arriver
Au sein du pays où m'amène
 Le désir d'observer :

On m'accueille avec politesse
  Dès que je touche au port,
Et puis la police me laisse
  Entrer sans passeport.
    Hélas, pauvres bêtes,
    Que faites-vous là ?
    Folles que vous êtes,
    Non, ce n'est pas ça.

Ici, rarement un sot brigue
  Les honneurs, les emplois ;
Jamais on n'accorde à l'intrigue
  Des places, ou la croix ;
Le fermier, pour lui seul cultive,
  Le fisc est généreux,
Et, dès qu'un médecin arrive,
  Ses malades vont mieux.
    Hélas, pauvres bêtes,
    Que faites-vous là ?
    Folles que vous êtes,
    Non, ce n'est pas ça.

J'ai vu l'immense crinoline
  Abriter des vertus,

Peu d'artistes dans la débine,
   Quelques-uns bien vêtus.
Les avocats n'ont la parole
   Que pour parler raison,
Et moitié des maîtres d'école
   Ont de l'instruction.
      Hélas, pauvres bêtes,
      Que faites-vous là ?
      Folles que vous êtes,
      Non, ce n'est pas çà.

Les guenons y sont ravissantes
   De grâce, de bon ton,
Et dans leurs formes séduisantes,
   N'entre pas le coton.
La justice est fort équitable
   En dépit de la loi,
Et les dévots, chose incroyable,
   Sont tous de bonne foi.
      Hélas, pauvres bêtes,
      Que faites-vous là ?
      Folles que vous êtes,
      Non, ce n'est pas çà.

On peut ici, je vous le jure,
  Naître, se marier,
Et recevoir la sépulture
  Sans bourse délier,
Pour prier Dieu, ce qu'on réclame,
  N'a rien d'exagéré,
Et chacun peut sauver son âme
  A prix fort modéré.
    Hélas, pauvres bêtes,
      Que faites-vous là ?
    Folles que vous êtes,
      Non, ce n'est pas ça.

Les socialistes devisent
  Sans se prendre aux cheveux,
Et si quelquefois ils se grisent,
  C'est avec du vin vieux.
Pour finir, j'ai hâte de dire
  Qu'en fiers républicains,
S'ils voyaient proclamer l'empire
  Ils battraient tous des mains.
    Hélas, pauvres bêtes,
      Que faites-vous là ?
    Folles que vous êtes,
      Non, ce n'est pas ça.

LA MAIN

Je n'accepte jamais sans crainte
La main que m'offre un inconnu,
Mais je devine à son étreinte
S'il doit être le bienvenu.
Les yeux sont le miroir de l'âme,
Et, comme eux, la main nous dira
S'il faut donner estime ou blâme
A qui porte cette main là.

A dix-huit ans, un beau dimanche
Je rêvais solitairement,
Quand une main petite et blanche
Serra la mienne tendrement.
Je veux, par un effort rapide,
La couvrir de baisers... Oui-dà !
Elle me griffe, la perfide !
Et j'adore cette main là.

Voyez cet homme au teint de bistre
Lèvres minces et cheveux plats.
Son œil d'une lueur sinistre
Eclaire un front fuyant et bas.
Bien qu'à la fraude il soit habile,
Sa main toujours le trahira ;
Froide et fausse comme un reptile,
Ah ! repoussez cette main là.

Ainsi qu'un papillon se pose
Vif et léger sur le rosier,
Voyez la main fluette et rose
Le soir caresser le clavier ;
Puis au matin, timide et bonne,
Au malheur elle s'ouvrira,
Répandant en secret l'aumône ;
Ah ! bien douce est cette main là.

Comme elle est puissante à l'ouvrage,
La rude main de l'ouvrier,
Qui met l'argent dans le ménage,
Le blé, le bois sur le grenier !
Si cette main laborieuse

Cherche la vôtre, étreignez-la ;
Et plus elle semble rugueuse,
Plus honnête est cette main là.

Rose jadis eut la main leste,
Dans ses jours de grondeuse humeur,
Mais je riais toujours d'un geste
Qu'aussitôt réprouvait son cœur ;
Si Dieu veut que cette main chère,
Lorsque mon heure sonnera,
Ferme doucement ma paupière,
Je bénirai cette main là.

LE TREIZIÈME,

Treize moines, au temps jadis,
    Eurent la bonne aubaine
De conduire en lointain pays
    De sœurs une douzaine ;
La plus vieille avait dix-neuf ans
    Et la plus jeune seize.
Nonnes... douze ! capucins.... treize !
    Ils ne seront pas tous contents !
        Comme soi-même
        Dieu veut qu'on aime
        Tout son prochain
    Serait-il capucin
    Ah ! plaignons le treizième !

Pour arriver près du bateau
    Chacun des pères donne,
De peur qu'elle ne tombe à l'eau,
    Son bras à chaque nonne ;

Ils montent ainsi deux à deux
  Sur le pont du navire,
Dans leur barbe on ne voit sourire
  Que douze des religieux.
    Comme soi-même
      Dieu veut qu'on aime
      Tout le prochain
    Serait-il capucin
    Ah ! plaignons le treizième !

Soir et matin, aux angelus,
  On voyait les bons pères,
S'embrouillant dans leurs oremus,
  Ecourter leurs prières,
Un seul, avec dévotion,
  Disait ses patenôtres,
Il n'avait pas, comme les autres,
  De sujet de distraction.
    Comme soi-même
      Dieu veut qu'on aime
      Tout le prochain
    Serait-il capucin
    Ah ! plaignons le treizième !

Tout à coup un vent furieux
    Apportant un orage,
Soulève les flots jusqu'aux cieux,
    Le vaisseau fait naufrage !
Chaque père en fort bon chrétien
    Pour sauver sa nonnette,
Avec elle à la mer se jette...
    Le treizième ne sauve rien.
        Comme soi-même
            Dieu veut qu'on aime
            Tout le prochain
        Serait-il capucin
            Ah ! plaignons le treizième !

Ils arrivent sans accident
    Sur une île déserte,
Et chacun cherche, en abordant,
    Un lit de mousse verte,
Pour déposer le doux fardeau
    Qu'au trépas il enlève ;
Pendant ce temps là, sur la grève,
    Le treizième égouttait son eau.
        Comme soi-même
            Dieu veut qu'on aime

Tout le prochain
Serait-il capucin
Ah ! plaignons le treizième !

Ici nous ne pouvons quêter,
   Leur prêche le moins sage,
Et Dieu veut, à n'en pas douter,
   Qu'on peuple cette plage.
Chacun de nous respectera
   Des volontés si nettes,
Epousons vite nos nonnettes,
   Le treizième nous mariera.
     Comme soi-même
     Dieu veut qu'on aime
    Tout le prochain
   Serait-il capucin
Ah ! plaignons le treizième !

Celui-ci leur dit : mes amis
   Si vous perdez vos âmes,
Moi je garde mes saints habits
   Pour confesser vos femmes.
Le digne père fit si bien

Qu'en moins d'une semaine
Toute la charmante douzaine
Fut... Mais le conte est bien ancien.
« — Comme moi-même
« Dieu veut que j'aime
« Tout mon prochain, »
Disait le capucin.
Ah ! bravo ! le treizième !

LA MINE D'OR.

Je ne comprends pas la manie
De nos stupides chercheurs d'or,
Allant jusqu'en Californie
Pour y découvrir un trésor !
Lorsque tant de gens dans ce monde
Sans s'exiler, ont exploité
La mine d'or la plus féconde,
C'est l'humaine crédulité.

Ses filons jamais ne s'épuisent,
Chez les sots on sait les trouver,
Les agioteurs nous le disent ;
Les gogos viennent le prouver ;
Fous ! que séduit une chimère,
Sachez donc cette vérité :
De toutes les dupes, la mère,
C'est l'humaine crédulité.

Comme les bâtards d'Hippocrate
Savent exploiter les clients !
Les disciples d'un hydropathe
Avec l'eau font des diamants.
Des miracles qu'ils accomplissent
Un seul n'est jamais contesté,
C'est que leurs coffres se remplissent
Par l'humaine crédulité.

Pourquoi donc devient-il si riche
Cet apôtre de Mahomet ?
C'est que le vertueux Derviche
Un peu de paradis promet
Au bon croyant, qui, les mains pleines,
Adore la divinité,
Sans voir où passent les aubaines
De l'humaine crédulité.

Des femmes les coquetteries,
Les promesses des avocats,
Les numéros de loteries,
Les prospectus de chocolats,
Et mille autres savent nous prendre,

Confiants dans l'impunité :
Voilà les piéges qu'on sait tendre
A l'humaine crédulité.

L'honnête homme, avec ses scrupules,
S'en va mourir à l'hôpital ;
Astrologues et somnambules
Ne craignent pas ce sort fatal.
Chez eux chacun vide sa bourse
Sans croire à leur duplicité ;
De ce grand Pactole, la source,
C'est l'humaine crédulité.

ON Y VIENDRA..... ON Y VIENDRA

—

Depuis Platon, tout citoyen s'applique
   A chercher un gouvernement ;
Duché, royaume, empire ou république
   Sont essayés, mais vainement.
Je crois avoir résolu ce problème,
   Je viens de construire un état
   Sans couronne ni potentat.
Voici, Messieurs, en deux mots mon système,
   C'est si simple qu'on le verra,
   Un jour ou l'autre on y viendra.

Je veux d'abord débarrasser les villes
   De leurs conseils municipaux,
On trouvera des esprits plus habiles
   Dans l'honnête corps des bédeaux ;
Je le demande : à quoi servent les Maires ?
   A vexer leurs administrés !

Remplaçons-les par des curés
Et, pour adjoints, donnons-leur des vicaires.
C'est si simple qu'on le verra,
Un jour ou l'autre on y viendra.

Il faut aussi nettoyer le rouage
Du vieux char administratif,
Il fait toujours plus de bruit que d'ouvrage
Et coûte cher, c'est positif.
Plus de préfets !... C'est l'avis de nos moines,
Des prélats leur succéderont,
Les conseils généraux seront
Tous recrutés parmi nos bons chanoines ;
C'est si simple qu'on le verra,
Un jour ou l'autre on y viendra.

En l'en priant, je crois que le Saint-Père
Daignera gouverner l'Etat,
Des cardinaux feront son ministère,
Des archevêques son Sénat.
Malheur alors à cette presse immonde
Qui ne sait prêcher que le mal !
On n'aura plus qu'un seul journal,
Mais un journal bien pensant... c'est le Monde.

C'est si simple qu'on le verra,
Un jour ou l'autre on y viendra.

Par un effet de la grâce divine
Tous les troncs seront agrandis,
Dans les cafés on lira Lamartine,
L'apéritif du paradis.
Plus d'ennemis !... hors Satan l'introuvable;
Mais de suisses un bataillon,
Armé du fameux goupillon,
Pourra tout seul effaroucher le diable;
C'est si simple qu'on le verra,
Un jour ou l'autre on y viendra.

Cela posé, tous les coins de la terre
De couvents seront pavoisés,
Ouverts à ceux qui ne veulent rien faire,
Asiles saints des bras croisés.
Mais porte close aux utiles phalanges !...
C'est trop juste... on doit convenir
Qu'il faut bien quelqu'un pour nourrir
Ceux qui de Dieu chanteront les louanges;
C'est si simple qu'on le verra,
Un jour ou l'autre on y viendra.

SOUVENT FEMME VARIE.

Un jour, j'écoutais deux amants
Parlant de leur tendresse,
Et se faisant sans cesse
Les plus énergiques serments ;
La jeune amante,
Vive et charmante,
Jurait surtout d'être bonne et constante ;
Et moi, dans un coin, je lisais
Un moraliste et j'y trouvais
Cette leçon que tout bas je chantais :
Souvent femme varie,
Bien fol est qui s'y fie !

De leur hymen les premiers jours
Furent chose touchante,
Un baiser les enchante,
Et tous deux ne rêvent qu'amours ;

Bijoux, fleurettes,
Bals, amourettes,
Cela marchait comme sur des roulettes ;
En voyant un si doux accord
Je me demandais tout d'abord,
Le moraliste aurait-il dit à tort :
Souvent femme varié,
Bien fol est qui s'y fie.

Deux ans après, quel changement
Dans le jeune ménage !
L'épouse, quoique sage,
De l'époux faisait le tourment :
Toujours grondeuse,
Capricieuse,
Ah ! qu'elle était d'humeur disgracieuse !
Le pauvre garçon n'osait pas
Dire un seul mot, faire un seul pas ;
Mais, soupirant, il répétait tout bas :
Souvent femme varie,
Bien fol est qui s'y fie.

Cinq ans plus tard, c'est encor pis !
L'épouse était un diable,

Un démon intraitable,
Que Satan sur terre avait mis ;
Brusque, colère,
Atrabilaire,
A tout propos elle faisait la guerre ;
Et le pauvre époux aux abois,
Disait, en se mordant les doigts :
Que n'ai-je cru ce qu'on m'a dit cent fois !
Souvent femme varie,
Bien fol est qui s'y fie.

Or, un jour il put espérer
Voir sa chaîne rompue :
Sur son lit étendue,
Son épouse allait expirer.
La pauvre femme
Dit : je rends l'âme !
— Est-ce bien vrai ? répondez-moi, Madame !..
— Oui, je le sens, je vais mourir !...
— Ainsi-soit-il, fit le martyr ;
Mais il pensait, avec un gros soupir :
Souvent femme varie,
Bien fol est qui s'y fie.

L'ÉTÉ.

Les amoureux et les malades
Chantent l'automne et le printemps,
Ces deux saisons-là sont trop fades
Pour nous, qui sommes bien portants ;
Je ne crains pas la canicule,
J'ai des bois verts pour m'endormir ;
Si l'ardeur du soleil me brûle,
J'ai du vieux vin pour me guérir.

La nature est forte et riante
Quand l'été raidit son ressort,
Quand elle vit luxuriante
Entre ses langes et sa mort.
Le printemps, c'est la chrysalide
Qui perce à peine son linceul ;
Et l'automne est un invalide
Qui se meurt sombre, triste et seul.

Te souvient-il, ma belle amie,
Qu'au printemps tu fuyais ma main,
Et qu'en automne, refroidie,
D'épais fichus cachaient ton sein ?
Mais en été, sous le vieux chêne,
Plus de ces voiles importuns !
Plus de mantille qui nous gêne !
Je lis l'amour dans tes yeux bruns.

On se rappelle son enfance,
Et ses pâles amusements,
Et son incolore innocence,
N'est-ce pas là notre printemps ?
Mais, à vingt ans, le cœur fermente,
Il rêve amour et liberté ;
Et si du rêve il se contente,
C'est que déjà fuit son été.

Sous l'équateur, chez le sauvage,
Rien ne se fait à demi jeu ;
Impétueux comme l'orage,

Il est ardent comme le feu :
Chez lui l'amour est plein de verve,
La haine a son fougueux instinct,
Point de printemps qui les énerve,
Point d'automne qui les éteint.

Vive l'été qui rend Hélène
Moins avare de ses appas !
Vive l'été qui nous ramène
Une soif qu'on n'étanche pas !
Le printemps n'est qu'une préface,
L'automne n'est qu'un dénoûment ;
La vie entre les deux se passe,
Puissions-nous la vivre gaîment !

SAGESSE ET FOLIE

La richesse et la pauvreté
Sont deux grands maux en vérité,
Trop souvent le pauvre supplie,
Trop souvent le riche s'ennuie ;
Ils seraient plus heureux, ma foi,
Si tous deux chantaient comme moi ;
Mon coffre fort, c'est ma philosophie ;
Au plus léger tourment
J'y puise abondamment ;
Est-ce sagesse, ou bien, est-ce folie ?
Je n'en sais vraiment rien,
Mais je m'en trouve bien.

Qu'elle est sotte, l'ambition
De l'or, des titres, d'un grand nom !
Qu'importe à moi, que l'on m'appelle
Crésus, Marquis, Jean de Nivelle !
Pour noblesse, j'ai ma gaité,

Et pour fortune, ma santé.
Mes pauvres biens n'excitent pas l'envie,
Et pourtant avec eux,
Partout je suis heureux ;
Est-ce sagesse, ou bien, est-ce folie ?
Je n'en sais vraiment rien,
Mais je m'en trouve bien.

L'homme accablé de dignités
N'ose marcher qu'à pas comptés ;
Il croit vraiment qu'on ne respecte
Ses fonctions, que s'il affecte
Un air doctoral, sérieux,
Qu'un âne imite beaucoup mieux ;
Pour lui, le rire est une anomalie ;
Moi, sans places, partout
Je chante et ris de tout ;
Est-ce sagesse, ou bien, est-ce folie ?
Je n'en sais vraiment rien,
Mais je m'en trouve bien.

Du luxe j'aime peu l'éclat ;
Je dors si bien sur mon grabat,

Quand Rose de sa collerette,
Fait des rideaux à ma couchette,
Quand ses bras blancs, comme oreiller,
Parfois me laissent sommeiller !
Riches, ronflez sur des tapis d'Asie !
    Il est plus doux, mon lit,
    Quand Rose l'embellit ;
Est-ce sagesse, ou bien, est-ce folie ?
    Je n'en sais vraiment rien,
    Mais je m'en trouve bien.

Un avare a peur de mourir ;
Il tremble devant l'avenir,
Surtout s'il songe à la richesse,
Qu'un beau jour il faudra qu'il laisse
A des neveux, qui sûrement
Riront à son enterrement ;
A mon convoi, je veux aussi qu'on rie !
    J'ai su vivre en chantant,
    Je veux partir gaîment,
Léguant sans frais, ou sagesse ou folie,
    Aux rieurs qui n'ont rien,
    Pour qu'ils s'en trouvent bien.

LES TRIBULATIONS DU BON DIEU.

—

Je suis le Dieu que tout bon chrétien prie ;
  Mon souverain pouvoir, hélas !
  Me met souvent dans l'embarras,
Quoi que je dise ou que je fasse, on crie !...
En vain je cherche un moyen d'arranger
  Les prières dont on m'assiège,
  L'un veut le chaud, l'autre la neige,
L'autre un temps doux, c'est à faire enrager !
  Voyons, mettez-vous à ma place,
  Par pitié, dites-moi comment
  Vous feriez pour rendre content
  Tout ce monde qui me tracasse ?

Quand il est gris, Jean bat sa ménagère,
  Et cependant il est pieux ;
  Soir et matin j'entends ses vœux,
C'est pour du vin qu'il me fait sa prière.

Jeanne, à mes pieds, m'expose sa douleur :
    Faites, mon Dieu, qu'il ne reçoive
    Que de l'eau claire et qu'il la boive,
Et cela fait, soyez béni Seigneur !
    Voyons, mettez-vous à ma place,
    Par pitié, dites-moi comment,
    Vous feriez pour rendre content
    Tout ce monde qui me tracasse ?

Si, par hasard, un matin je repose,
    J'entends des cris de tous côtés,
    Des *Te Deum* me sont chantés,
C'est pour la guerre et je n'en sais la cause.
Le Français veut être victorieux,
    Son ennemi, bon catholique,
    M'adresse la même supplique;
Puis-je vraiment les contenter tous deux ?
    Voyons, mettez-vous à ma place,
    Par pitié, dites-moi comment
    Vous feriez pour rendre content
    Tout ce monde qui me tracasse ?

Je crus un jour triompher d'une épreuve :
    Il s'agissait de deux époux,

Qui me demandaient à genoux,
L'un d'être veuf, et l'autre d'être veuve.
Par moi, bien vite au ciel ils sont campés ;
　　Mais les ingrats, que vous en semble,
　　Sitôt qu'ils se trouvent ensemble,
Vont s'écriant que je les ai dupés !
　　Voyons, mettez-vous à ma place,
　　Par pitié, dites-moi comment
　　Vous feriez pour rendre content
　　Tout ce monde qui me tracasse ?

S'il pleut un peu, j'entends les litanies
　　De ceux qui veulent un temps sec ;
　　S'il fait beau, je me brouille avec
D'honnêtes gens, marchands de parapluies,
Pour plaire à tous, on se démène en vain.
　　Mon vicaire, je le suppose,
　　En sait lui-même quelque chose
Et doit souvent redire mon refrain :
　　Voyons, mettez-vous à ma place,
　　Par pitié, dites-moi comment
　　Vous feriez pour rendre content
　　Tout ce monde qui me tracasse ?

2*

LES BÊTES COURONNÉES.

Je viens, Messieurs, d'un concours agricole,
    Et je suis encor tout surpris
De la façon dont prennent la parole
    Les bêtes ayant eu des prix ;
Le président fait le discours d'usage,
    Et chaque animal après lui,
Selon son rang, son mérite et son âge,
    Au bureau raconte ceci :
        Pour vous, nos cœurs débordent
        Des plus purs sentiments,
        Et les bêtes s'accordent
        A vous trouver charmants.

Près de l'estrade, une élégante vache,
    Les yeux baissés et rougissant,
S'avance et dit : il est bon que l'on sache
    Que mon cœur est reconnaissant :
A vous, Messieurs, je dois d'être féconde,

Je fais des veaux de premier choix,
Et, croyez-moi, lorsque j'en mets au monde,
A vous je pense quelquefois.
  Pour vous, nos cœurs débordent
  Des plus purs sentiments,
  Et les bêtes s'accordent
  A vous trouver charmants.

Un bœuf beuglait : les taureaux, nos beaux-frères,
  Oubliant nos piteux affronts,
Ont bien souvent de terribles colères,
  Quand ils envisagent nos fronts.
Cornes ou croix, vous le savez vous-mêmes,
  Sans titre, on ne peut les porter ;
De l'hyménée ôtez-nous ces emblêmes
  Que nous ne pouvons mériter.
  Pour vous, nos cœurs débordent
  Des plus purs sentiments,
  Et les bêtes s'accordent
  A vous trouver charmants.

Bouffi d'orgueil, l'ami de saint Antoine
  Leur grogne d'un ton suffisant :

Grâce à vos soins, vit-on jamais un moine
  Comme moi poli, gras, luisant ?
Nous vous devons moitié de notre gloire,
  Laissez-nous tomber dans vos bras,
Car, tout cochons qu'il vous plait de nous croire,
  Nous ne sommes pas des ingrats.
    Pour vous, nos cœurs débordent
      Des plus purs sentiments,
    Et les bêtes s'accordent
      A vous trouver charmants.

Un beau dindon d'une imposante taille,
  Glousse d'un air humble et confus :
Hélas ! Messieurs, je n'ai qu'une médaille,
  Un dindon peut espérer plus ;
Mais, c'est égal, de ma reconnaissance
  Croyez à la sincérité,
Et, dans le cœur de tout dindon de France,
  Chacun de vous sera porté.
    Pour vous, nos cœurs débordent
      Des plus purs sentiments,
    Et les bêtes s'accordent
      A vous trouver charmants.

Un jeune veau, d'un ton mélancolique,
    Avait commencé son discours,
L'émotion lui donna la colique,
    Pour parler, ça gêne toujours.
« Mon cher enfant, dit l'un des secrétaires,
    « De grâce, ne vous troublez pas ! »
Mais, tiraillé par d'intestines guerres,
    A peine, il put dire tout bas :
        Pour vous, nos cœurs débordent
        Des plus purs sentiments,
        Et les bêtes s'accordent
        A vous trouver charmants.

L'émotion est toujours dangereuse,
    Chers amis, dit le Président ;
Et votre chair deviendra filandreuse
    Si vous faites du sentiment.
Gras et dodus, c'est ainsi qu'on vous aime
    Et qu'on peut vous apprécier,
Votre santé nous donne un mal extrême !
    Et les bêtes de s'écrier :
        Pour vous, nos cœurs débordent
        Des plus purs sentiments,
        Et les bêtes s'accordent
        A vous trouver charmants.

LES ESPRITS.

On prétend que de l'autre monde
Parfois reviennent des esprits,
Je n'en crois rien, grand'mère gronde,
Plus elle gronde et plus je ris.
 Les esprits pourquoi faire
 Viendraient-ils ici bas ?
 Y chercher un confrère
 Qu'ils ne trouveraient pas ?
Allons, vite, accourez tous,
 Esprits, fantômes
  Et gnômes.
Allons, vite, accourez tous,
 A nos yeux montrez-vous.

Un soir que la fièvre me brûle,
Satan apparaît à mes yeux :
Je veux te convaincre, incrédule,
Dit-il d'un ton malicieux,

Dans mon lorgnon viens lire,
Et tes regards surpris,
Verront de mon empire
Les plus brillants esprits.
Allons, vite, accourez tous,
Esprits, fantômes
Et gnômes
Allons, vite, accourez tous,
A nos yeux montrez-vous.

Je prends la lunette magique
Et je remarque tout d'abord
Un avocat, un empirique,
Un gras prieur, un gros milord,
Un noble, un pédicure,
Un procureur du roi ;
Ah ! Satan, je le jure,
Tu t'es moqué de moi !
Allons, vite, accourez tous,
Esprits, fantômes
Et gnômes
Allons, vite, accourez tous,
A nos yeux montrez-vous.

Je vois des auteurs de romances,
Des dramaturges, des huissiers,
Des orateurs de conférences,
Des avoués, des financiers.
 Les esprits sur la terre,
 Seraient-ils demeurés ?
 Car je n'en compte guère
 Dans ceux qu'on m'a montrés.
Allons, vite, accourez tous,
 Esprits, fantômes
  Et gnômes
Allons, vite, accourez tous,
 A nos yeux montrez-vous.

Seul, une nuit dans ma chambrette
J'entends un vacarme effrayant,
Je saute à bas de ma couchette,
Espérant voir un revenant ;
 Vers mon miroir, je gage,
 Satan me conduisit,
 D'un fou j'y vis l'image
 Mais pas l'ombre d'esprit :
Allons, vite, accourez tous,

Esprits, fantômes
Et gnômes
Allons, vite, accourez tous,
A nos yeux montrez-vous.

Cette chimère n'est suivie
Que par des sots, n'y croyons pas ;
Cherchons plutôt dans cette vie,
Les bons esprits sont ici-bas.
J'en connais sur la terre
Qu'on évoque toujours
En remplissant son verre,
En chantant les amours.
Allons, vite, accourez tous,
Esprits, fantômes
Et gnômes
Allons, vite, accourrez tous,
A nos yeux montrez-vous.

LA GRAVITÉ.

Dans le monde circule encore
  Un vieux manteau,
Trompeur et froid, mais qu'on arbore
  Comme un drapeau ;
Il est toujours par la sottise,
  Fort bien porté,
Son nom ?.. faut-il que je le dise ?...
  La gravité.

Les airs solennels qu'on affiche,
  Sont le pendant
D'un tapis sur lequel on triche,
  Tout en perdant.
Elle est d'autant plus insipide,
  La nullité,
Quelle prend souvent pour égide
  La gravité.

Dieu, dans son immense sagesse,
    A bien voulu
Accorder aux uns la richesse,
    Ou la vertu.
Aux autres, le charmant délire
    De la gaîté ;
A l'âne qui ne peut rien dire,
    La gravité.

Si l'air sérieux est de mode
    Quand le jour luit,
Il est parfois bien incommode
    Pendant la nuit ;
A son époux froid et morose,
    Jeune beauté
En vain demande qu'il dépose
    Sa gravité.

Parvenus !... fiers des hauts offices
    Que vous gardez,
Vous réclame-t-on des services,
    Vous répondez :
A vos vœux je ne puis soumettre

Ma dignité,
Obliger serait compromettre
Ma gravité.

Certains emplois, il faut le dire,
Veulent souvent
Qu'on affecte, pour n'en pas rire,
L'air imposant ;
Mais quand le vin mousseux s'échappe,
Autorité,
Au moins enterre sous la nappe
Ta gravité.

Pourquoi se changer en momie,
Quand nous avons,
Pour passer gaiment notre vie,
Vins et chansons ?
Le sort cruel veut qu'on succombe !
En vérité,
Nous aurons trop tôt dans la tombe
La gravité.

BOURGOGNE ET BORDEAUX.

—

Il n'est qu'un vin, c'est le Bourgogne !
Toujours il réchauffe le cœur,
Il engendre la bonne humeur,
Je suis presque fier d'être ivrogne,
    Quand je bois du Bourgogne ;
Mais ne parlons pas du Bordeaux,
Ce vin-là m'attriste et me glace,
L'ennui, du rire prend la place ;
Je ne songe qu'aux hôpitaux
    Quand je bois du Bordeaux.

Quand je m'enivre de Bourgogne,
Je vois des horizons d'azur ;
L'air de Paris me semble pur,
Comme l'air de la Catalogne,
    Quand je bois du Bourgogne ;
Mais, si je bois trop de Bordeaux,

Tout revêt un aspect sinistre :
Je rêve que je suis ministre,
Que je dîne avec des bedeaux,
    Quand je bois du Bordeaux.

Quand je m'enivre de Bourgogne,
L'univers entier semble à moi,
Et j'ai la fortune d'un roi
Qu'aucun ministère ne rogne,
    Quand je bois du Bourgogne ;
Mais, si je bois trop de Bordeaux,
Autour de moi sont en védettes
Des recors armés de mes dettes,
Et, rien... voilà mes capitaux,
    Quand je bois du Bordeaux.

Quand je m'enivre de Bourgogne,
L'amour me perce de ses traits ;
Je trouve presque des attraits
Aux vieilles à cou de cigogne,
    Quand je bois du Bourgogne ;
Mais, si je bois trop de Bordeaux,
Je reste froid sous les caresses

De la plus belle des maîtresses,
Qui referme en vain ses rideaux,
 Quand je bois du Bordeaux.

Quand je m'enivre de Bourgogne,
De la foi je sens la chaleur ;
Aux dogmes je crois de tout cœur,
Arriveraient-ils de Gascogne,
 Quand je bois du Bourgogne ;
Mais, si je bois trop de Bordeaux,
D'un doute mon esprit se frappe ;
J'irais jusqu'à nier le pape,
S'il n'avait pas des cardinaux,
 Quand je bois du Bordeaux.

Amis ! grisons-nous de Bourgogne !
Cela fait aimer le prochain,
Ferait-il un abus malsain
D'eau bénite ou d'eau de Cologne ;
 Grisons-nous de Bourgogne !
Mais, enivrons-nous de Bordeaux,
S'il nous faut, en place publique,

Pleurer des oncles d'Amérique,
Des créanciers ou des rivaux,
Grisons-nous de Bordeaux.

LE THÉATRE HUMAIN.

On dit que le Français créa
Le vaudeville et l'opéra ;
Moi, je prétends, ne vous déplaise,
Qu'ils ont pour date la Genèse ;
Et que souriant un matin,
Dieu fit le vaudeville humain ;
Que chaque acteur à nos yeux apparaisse !
Il faut le voir avant que le rideau s'abaisse.

Rien n'est, ma foi, plus émouvant
Que ce grand spectacle en plein vent ;
Avec quel art, il faut voir comme
Le fripon singe l'honnête homme,
Comme le fourbe est vertueux,
Comme l'avare est généreux ;
S'il faut qu'on soit dupe de leur adresse,
Ah ! pour eux, il est temps que le rideau s'abaisse !

La jeune femme d'un époux
Grondeur, brutal, vieux et jaloux,
De la vertu pose en modèle ;
A ses devoirs toujours fidèle,
Elle rougit, baisse les yeux,
Au moindre propos amoureux.
S'il faut toujours qu'on vante sa sagesse,
Ah ! pour elle, il est temps que le rideau s'abaisse !

Apôtre de l'humanité,
Un socialiste exalté
Vient nous raconter qu'il respecte
L'opinion de chaque secte,
Et ne mettra jamais la main
Sur la fortune du prochain ;
S'il veut qu'on croie à sa délicatesse,
Il est bien temps ponr lui que le rideau s'abaisse !

Pourquoi remuer tes écus,
Toi, plus riche que feu Crésus ?
Avant qu'il ne quitte la vie,
A ce pauvre, qui te supplie,
Et qui tend vers toi son bras nu,

Vas-tu donner ton superflu ?
Pour qu'on suppose une telle largesse,
Il est bien temps pour toi que le rideau s'abaisse !

Voyez ce vigoureux garçon
En robe noire et capuchon !
Quand passe une fille jolie,
Il se signe avec modestie ;
Car, bien qu'il crève de santé,
Il doit jouer la chasteté :
S'il faut toujours qu'en Joseph il paraisse,
Il est bien temps pour lui que le rideau s'abaisse !

Sur la scène de l'univers
Il est bien des masques divers !
Pauvre théâtre, sur tes planches
Que d'ânes, en cravates blanches,
Sous de faux airs de gravité,
Dissimulent leur nullité !
Si tous ont peur qu'un jour on les connaisse
Il est bien temps pour eux que le rideau s'abaisse !

Amis, jouons loyalement
La pièce jusqu'au dénoûment :
Notre rôle, c'est bien notoire,
Est d'aimer, de rire, de boire ;
Pour nous, Dieu créa le plaisir,
Il nous ordonne d'en jouir
Jusqu'au moment où viendra la vieillesse
Nous crier : il est temps que le rideau s'abaisse !

MON VERRE.

Fuyant les soucis et l'étude,
Sous un chêne un jour je rêvais ;
Et pour charmer ma solitude,
D'un bon vieux vin je m'abreuvais.
    Mon âme heureuse
    Voyait rêveuse
En souriant, le passé, l'avenir ;
    De ma paresse
    La douce ivresse
Pour moi partout évoquait le plaisir ;
Tout me semblait charmant sur terre,
Je trouvais l'homme moins petit ;
A mes yeux si tout s'embellit,
    C'est grâce à toi, mon verre !

Plus riche qu'un millionnaire
Tu montres au regard charmé:

L'écrin qu'un divin lapidaire
Sur l'univers a parsemé :
Riche nature
C'est ta parure
Qui dans ma coupe étale ses splendeurs,
Miroir limpide,
Cristal liquide,
Par toi tout prend des reflets enchanteurs ;
J'admire, je crois et j'espère,
De mon esprit le doute a fui ;
Si je suis pieux aujourd'hui,
C'est grâce à toi, mon verre !

Le ciel, le chêne, le nuage
Se reflètent dans tes rubis,
Et cet éblouissant mirage
Enchaîne mes regards ravis.
Si mon bras tremble,
Le monde semble
S'être abîmé dans un chaos affreux ;
Ma main s'arrête,
Cette tempête
S'apaise. et tout s'harmonise à mes yeux ;

Baissez le front, foudres de guerre,
Rien ne peut réparer vos coups !
Si je suis plus puissant que vous,
 C'est grâce à toi, mon verre !

Auprès de ma jeune maîtresse
Je le sens, hélas ! je vieillis,
En vain dans mes bras je la presse
Mon cœur, mes sens sont engourdis ;
 Je m'en afflige,
 Mais, ô prodige,
Effet charmant de ce vin généreux !
 Mon cœur s'agite,
 Bondit, palpite,
De la jeunesse en moi brûlent les feux !
Souris, ô maîtresse si chère,
Ton vieil ami se croit vingt ans !
Si chez moi renaît le printemps,
 C'est grâce à toi, mon verre !

Je t'aime, ô ma coupe gentille,
Mais ton amour est dangereux !

Ma tête se trouble et vacille,
Sous tes longs baisers amoureux.
Ah ! bien traîtresses
Sont tes caresses,
Je sens déjà ma raison s'obscurcir ;
Elle s'envole,
Je m'en console
Car la raison, c'est la mort du plaisir !
Je m'endors narguant la misère,
Je vais rêver bons vins, amours !
Si je crois encore aux beaux jours,
C'est grâce à toi, mon verre !

CONTRE FORTUNE, BON CŒUR.

Le monde est plein d'effrayants précipices
Où la vertu s'engloutit sans retour,
Et leurs sentiers sont frayés par ces vices
Que je déteste et combats chaque jour.
Mais je crains tant les lazzis ridicules,
Les sots propos et le rire moqueur,
Que bien souvent j'étouffe mes scrupules !
Contre fortune, il faut faire bon cœur.

J'ai le frisson lorsqu'un refrain bachique
Vient agacer mon tympan vertueux,
Je n'ai jamais chanté que le cantique
Ou la romance aux couplets langoureux.
Si chez les fous des païennes écoles
Mes chants pieux n'ont pas un seul claqueur,
J'entonne alors deux ou trois gaudrioles !
Contre fortune, il faut faire bon cœur.

Le vin maudit, ce poison redoutable,
Que pour nous perdre un démon inventa,
Je le défie et suis invulnérable,
Son doux parfum jamais ne me tenta.
Ce sentiment parfois je le déguise;
Quand mes amis chantent Bacchus en chœur,
Je fais comme eux et comme eux je me grise,
Contre fortune, il faut faire bon cœur.

Un cœur pervers peut seul aimer les femmes
Et rechercher de coupables plaisirs ;
Je hais l'amour et ses perfides flammes,
Je n'eus jamais de criminels désirs.
Je me contiens quand chez de gais apôtres,
Lise sur moi lance un regard vainqueur,
J'embrasse Lise et plus fort que les autres...
Contre fortune, il faut faire bon cœur.

De ma contrainte enfin j'ai fait justice
Et franchement j'aime, je ris, je bois;
Pourquoi faut-il qu'un étrange caprice

Me fasse encor me grimer une fois?
De nos vauriens la morale commode
D'un air dévot prend le masque trompeur.
Faisons comme eux, puisqu'en revient la mode...
Contre fortune, il faut faire bon cœur.

LE GENDRE PIERROT.

Père Thomas, j'adore votre fille,
 Combien aura-t-elle d'écus ?
— Mon cher Pierrot, Collette est si gentille
 Qu'il ne lui faudra rien de plus ;
— Donnez-lui donc votre grande charrue,
 Et tout ce qu'elle a labouré,
Dix mille francs, vos fumiers de la rue,
 Peut-être, je l'épouserai. —
Loin des cités est la grâce naïve,
C'est au hameau qu'on trouve la candeur,
De l'âge d'or la bonté primitive,
C'est l'air des champs qui forme un noble cœur.

Depuis six ans qu'à moi tu t'es unie,
 Pauvre Collette, nous n'avons
Jusqu'à ce jour, fait d'autre économie,
 Que trois filles et deux garçons !

On ne sait pas ce qu'un enfant dépense,
 Heureux ceux qui les ont perdus !
Que Dieu nous fasse une aussi belle chance,
 Nous aurons trois vaches de plus. —
Loin des cités est la grâce naïve,
C'est au hameau qu'on trouve la candeur,
De l'âge d'or la bonté primitive,
C'est l'air des champs qui forme un noble cœur.

Femme, tu sais pourquoi souvent je gronde,
 Ton père n'est plus bon à rien ;
Et, s'il s'entête à rester dans ce monde,
 Il devrait nous donner son bien ;
J'ai beau jurer que, si Dieu veut le prendre,
 J'en aurai l'air désespéré,
Le vieux bonhomme a du mal a comprendre,
 Comme il est doux d'être pleuré. —
Loin des cités est la grâce naïve,
C'est au hameau qu'on trouve la candeur,
De l'âge d'or la bonté primitive,
C'est l'air des champs qui forme un noble cœur.

— Voisin Pierrot, ta femme est bien livide,
    Consulte donc un médecin ;
— Un médecin ! Oh ! ma bourse est trop vide,
    Collette va fort bien, voisin ;
Mais, j'ai, là-bas, couchés sur la litière,
    Deux chevaux, que je crois fourbus,
Vite, courons chez mon vétérinaire,
    Ils m'ont coûté deux cents écus. —
Loin des cités est la grâce naïve,
C'est au hameau, qu'on trouve la candeur,
De l'âge d'or, la bonté primitive,
C'est l'air des champs qui forme un noble cœur.

Voyons un peu, dit Pierrot, mon beau-père
    Et mes enfants sont trépassés,
Ma pauvre femme est à six pieds sous terre,
    Comptons les biens qu'ils m'ont laissés :
Cent mille francs ! c'est une volerie !
    J'en espérais deux fois autant :
Pour mon profit, si je me remarie,
    J'aurai soin de compter avant. —
Loin des cités est la grâce naïve.
C'est au hameau qu'on trouve la candeur,
De l'âge d'or la bonté primitive,
C'est l'air des champs qui forme un noble cœur.

LES TOILES D'ARAIGNÉE.

Il est un insecte hideux,
    Aux antennes crochues ;
Dans les coins les plus ténébreux,
    Ses toiles sont tendues ;
Evite, mouche au corps d'azur,
Les toiles qui couvrent ce mur,
    C'en est fait de tes ailes,
    Si tu t'approches d'elles ;
Prends ton vol rapide et léger,
    Sois toujours éloignée
    Des toiles d'araignée.
Pauvre mouche, fuis le danger.

Ils sont bien subtils, ces filets,
    Mais le bon Dieu sait comme
Bien plus terribles sont les rêts,
    Que l'homme tend à l'homme.
Les cachemires, les emplois,

Les doux regards, les douces voix,
Sont des toiles certaines
Pour les mouches humaines !
Prends ton vol rapide et léger,
Sois toujours éloignée,
Des toiles d'araignée.
Pauvre mouche, fuis le danger.

A soixante ans, vilain barbon,
Auprès d'une lorrette,
Tu roucoules comme un pigeon,
Prends garde à la coquette :
Vois ces gazes, vois ces atours,
Et ce grand œil noir de velours...
Enfuis-toi, barbe grise,
C'est ton argent qu'on vise !
Prends ton vol rapide et léger,
Sois toujours éloignée
Des toiles d'araignée ;
Pauvre mouche, fuis le danger.

Garde-toi, mon jeune amoureux,
D'aimer à l'aventure

Une fille aux airs langoureux,
    A la voix fraîche et pure ;
Ce cœur, qui te semble naïf,
Cache une lame de canif,
    Dont tu verras l'usage
    Après le mariage !
Prends ton vol rapide et léger,
    Sois toujours éloignée
    Des toiles d'araignée;
Pauvre mouche, fuis le danger.

Dans l'antre noir d'un procureur,
    Des clients bien candides
S'en vont racontant leur malheur,
    Mais tous ont les mains vides ;
« Messieurs, je suis sûr du succès,
« Je gagnerai votre procès,
    « Mais il faut qu'on m'éclaire,
    « Et l'or c'est ma lumière.
Prends ton vol rapide et léger,
    Sois toujours éloignée,
    Des toiles d'araignée;
Pauvre mouche, fuis le danger.

Près du lit de mort des Indous,
  Voyez ce vieux Bramine ;
Ce qu'il marmotte à deux genoux
  Aisément se devine :
« Mon frère, pour gagner les cieux
« Donnez vite aux religieux,
  « Toute votre fortune,....
  « Vos fils s'en feront une. »
Prends ton vol rapide et léger,
  Sois toujours éloignée
  Des toiles d'araignée ;
Pauvre mouche, fuis le danger.

Faiseurs de trônes et d'Etats,
  Démocrates farouches,
Et vous apprentis potentats,
  Les peuples sont vos mouches :
Vous leur tendez les titres vains
De peuples rois et souverains,
  Vous dorez les entraves
  De vos futurs esclaves !
Prends ton vol rapide et léger,
  Sois toujours éloignée,
  Des toiles d'araignée ;
Pauvre mouche, fuis le danger.

LA CONFESSION DES CLOCHES.

Le jeudi saint, nous dit-on,
Les cloches, dans une étape,
Vont toutes au pied du pape,
Faire leur confession.
De mon hameau les trois cloches
S'en revinrent en pleurant,
Le pontife sûrement
Leur avait fait des reproches:
   Din, don, din, din, don.
Qu'avaient-elles donc pu faire
Pour encourir sa colère ?
Gare à la damnation !
    Din, don.

La première, avec candeur,
Près du trône s'agenouille,
De pleurs son battant se mouille

Elle dit avec douleur :
Ah ! pardonnez-moi, Saint-Père,
Et je l'avoue humblement,
J'ai sonné bien mollement
Pour le denier de Saint Pierre !...
 Din, don, din, din, don.
Alors, ton affaire est claire,
Dit le Saint-Père en colère,
Gare à la damnation !
 Din, don.

Serait-ce un péché mortel,
Dit la deuxième inquiète,
J'ai sonné pour la conquête
De Victor Emmanuel.
De Renan lorsque le livre
Fut brûlé dévotement,
Je restai sans mouvement,
Mais mon sonneur était ivre.
 — Din, don, din, din, don.
Alors, ton affaire est claire,
Dit le Saint-Père en colère,
Gare à la damnation !
 Din, don.

L'autre, d'un air consterné
Dit : que Dieu me le pardonne,
Pour les Français dans Ancône
Jadis j'ai carillonné ;
En sonnant l'immaculée,
J'y croyais avec ferveur,
Hélas ! voyez mon malheur,
Je me suis un peu fêlée.
— Din, don, din, din, don.
Alors, ton affaire est claire,
Dit le Saint-Père en colère,
Gare à la damnation !
Din, don.

Pourtant, il leur a promis
Les saintes miséricordes,
Sitôt qu'il verrait leurs cordes
Au cou de ses ennemis,
Et puis la paix éternelle,
Paradis et cœtera,
Le jour où Dieu lui rendra
La puissance temporelle
Din, don, din, din, don.

Quand je tiendrai mon affaire,
Dit en riant le Saint-Père,
A tous l'absolution !...
 Din, don.

LA POLOGNE ET LES CHANSONS.

De tous côtés on fait pour la Pologne
Des vers ronflants et des airs chaleureux ;
Femme au salon, dans la taverne ivrogne,
Vous entonnez des refrains belliqueux.
Heureux pays !..... de quoi peux-tu te plaindre ?
Pour ton salut vois ce que nous faisons !
Des oppresseurs tu n'as plus rien à craindre.....,
    On te fait des chansons.

Dans les cachots creusés par la Russie,
Pâles, défaits et sous le fouet meurtris.
Pauvres héros, vous maudissez la vie !
Vos yeux mourants se tournent vers Paris.
De tels malheurs nous arrachent des larmes,
A vos revers tous nous compatissons,
Mais bannissez vos poignantes alarmes...:,
    On vous fait des chansons.

Quand un boulet ravit à vos tendresses
Des fils chéris et de vaillants époux,
Femmes, dans l'ombre étouffez vos tristesses
Ou du tyran redoutez le courroux.
Si vous portez leur deuil, il vous flagelle
Et fait de pleurs ses sinistres moissons ;
Pour étancher votre sang qui ruisselle.....
    On vous fait des chansons.

Nobles martyrs d'une haine sauvage,
Vous nous montrez vos fers et vos bourreaux ;
De la patrie, en si cruel servage,
En vain l'amour agite vos drapeaux.
Vous demandez des vengeurs à la France,
A cet appel, en chœur nous vous disons :
« Chacun travaille à votre délivrance..... »
    On vous fait des chansons.

Ah ! c'en est trop... plus de chansons stériles,
Tous les grands cœurs les couvrent de sifflets ;
Plus de refrains, plus de rimes futiles,
Que le canon remplace les couplets !

Quand vous verrez la France si puissante,
Des Polonais brisant fers et prisons,
Aux yeux du monde être encor triomphante,
    Nous ferons des chansons.

LA LIGNE DROITE.

J'ai l'horreur des mathématiques
Et je déteste les savants,
Car leurs principes théoriques
N'ont que de faux enseignements.
Ils disent, par la droite ligne,
Tous les chemins vous abrégez.
N'est-ce pas un mensonge indigne ?
Regardez le monde et jugez.

Si l'avocat que l'on consulte
Dit franchement : vous avez tort !
De la ligne droite résulte
Qu'un fructueux procès est mort.
Au client s'il répond : peut-être...
Essayons au moins le succès !...
La ligne courbe fait renaître
Et l'espérance et le procès.

A l'âme pieuse en détresse
Par la ligne droite va-t-on
Dire : il nous faut votre richesse !
Le moyen ne serait pas bon.
Par la ligne courbe on assure
Que l'or, que l'on peut convoiter,
C'est de l'onguent pour la brûlure
D'un enfer, qu'on fait miroiter.

D'une riche et charmante fille
Un pauvre garçon veut la main ;
Il s'en va droit à la famille
On lui fait rebrousser chemin.
S'il peut à la fille naïve
Peindre en secret ses sentiments,
Par la ligne courbe il arrive
A se passer des grands parents.

En pratique est cette devise
Que nous devons à Loyola :
Méfiez-vous de la franchise,
Pauvre moyen que celui-là !

Souvent avec la ligne droite
Tout près du but vous échouerez ;
La ligne courbe est plus adroite...
Suivez-la, vous réussirez.

MONSIEUR LE MAIRE.

Madame ma femme, sachez
Qu'on m'a nommé Maire et tâchez
De faire un peu votre importante,
De prendre une mine imposante ;
Il faut faire beaucoup d'effet,
Quand nous verrons le Sous-Préfet ;
Car, savez-vous qu'être femme du Maire,
Ah ! certes, ce n'est pas une petite affaire.

J'ai, je crois, deux ou trois cousins
Qui sont mes plus proches voisins ;
Je veux agir de telle sorte,
Que l'on établisse à ma porte,
Un réverbère, un beau trottoir,
Pour qu'on dise rien qu'à les voir:
Lorsque l'on est cousin germain du Maire,
Ah ! certes, ce n'est pas une petite affaire.

Mon valet est un grand coquin,
Un tant soit peu républicain;
Si je l'ai pris pour domestique,
C'est que voici ma politique :
Flatter le Diable et Saint-Martin,
Et l'on cajole mon frontin;
Car on sait bien, qu'être valet du Maire,
Ah ! certes, ce n'est pas une petite affaire.

Mon fils est déjà fort savant,
Bien qu'il ait cinq ans seulement;
L'autre jour, le maître d'école
M'a dit : Monsieur, sur ma parole,
Chez cet enfant, tout nous promet
Qu'un jour il deviendra préfet;
Etre à cinq ans, déjà le fils du Maire !
Ah ! certes, ce n'est pas une petite affaire.

Je suis Maire et puis épicier,
Chacun a son petit métier;
Ma cannelle, bien plus mauvaise
Que celle de l'épicier Blaise,
Se vend bien mieux, car il n'est rien

Qu'honnête homme et fort bon chrétien ;
Mais chacun sait qu'être client du Maire,
Ah ! certes, ce n'est pas une petite affaire.

Ma mairie est presque un état,
Moi, je suis presque un potentat :
J'autorise chacun à faire
Tout ce qu'il pourra pour me plaire;
S'il se trompe, tant pis pour lui,
Je lui créerai plus d'un ennui,
Car être mal avec Monsieur le Maire,
Ah ! certes, ce n'est pas une petite affaire!

Tous mes loisirs les plus sacrés
A mon conseil sont consacrés,
Chaque conseiller me vénère,
Et surtout me laisse bien faire,
Sans contrôle ce que je veux ;
Aussi vivons-nous tous au mieux,
Ils ont compris que, de m'avoir pour maire,
Cet honneur-là n'est pas une petite affaire.

TU TE MARIES!...

Que m'a-t-on dit? Tu te maries!
C'est impossible, n'est-ce pas?
Ami, point de plaisanteries,
Sur des sujets si délicats;
Un créancier impitoyable
T'a donc encor mis aux abois!
Pour si peu te donner au diable,
Toi, si philosophe autrefois!

Que l'on fasse du mariage
Un bail de trois, six ou neuf ans,
On remarquera, je le gage,
Moins de garçons récalcitrants;
Mais, toujours!..... un tel mot les glace,
Toujours!... c'est long, mon pauvre ami,
Réfléchis bien, car, à ta place,
Plus d'un intrépide a frémi!

Aurais-tu, dans le fond de l'âme,
Un chagrin secret et profond?
Pour te guérir, ne prends pas femme,
Fais-toi soldat, c'est bien moins long.
Si l'on épouse sa patrie,
Sa giberne et ses fourniments,
On a du moins la garantie
D'être veuf au bout de sept ans !

Notre loi me semble bien dure :
Quoi ! d'un maire l'autorité
Vous inflige, sans procédure,
L'hymen à perpétuité !
C'est un résultat effroyable !
Et qui ne songe en frissonnant,
Que le coquin le plus pendable
En attrape autant rarement !

Logiquement, la cour d'Assises
Devrait seule unir les époux,
Leur flanquant, suivant leurs sottises,
Cinq ou dix ans de nœuds si doux.
Un tel progrès serait énorme !

On croit que nos jeunes Solons
Songeront à cette réforme,
Lorsqu'ils redeviendront garçons.

S'il existe encor des trouvères
Chantant l'hymen et ses appas,
C'est qu'ils sont tous célibataires;
Ou bien, qu'ils ne se doutent pas
Que la femme est un logogriphe
Que cherche à deviner un sot,
Que le diable y blesse sa griffe,
Sans pouvoir en trouver le mot.

FRUCTUS BELLI.

Le souvenir n'est-il pas la richesse
　Du vieillard et du voyageur ?
Avec bonheur je revois ma jeunesse
　A travers ce prisme enchanteur.
Qu'ils étaient beaux ces jours d'insouciance!
　Que de plaisirs ils m'ont versés !
Hélas ! mes sens ou vieillis ou lassés
　N'en ont plus que la souvenance.
　　Ah ! le beau temps !
　　　Aie ! aie ! aie !
　　Les doux instants !
　　　Aie ! aie ! aie !
Mais qu'ai-je donc ?... Plus de doute...
　　　Aie ! aie ! aie !
　　　Aie ! aie ! aie !
　　　J'ai la goutte

Comme un pinson, m'échappant du collége,
 Gaiment je me suis abattu
Dans ce Paris où fond comme la neige
 Ce qu'on appelle la vertu.
Le premier jour je travaillais Barthole,
 Le second les estaminets ;
Un peu plus tard les minois chiffonnés ;
 Paris compte plus d'une école !
  Ah ! le beau temps !
   Aie ! aie ! aie !
  Les doux instants
   Aie ! aie ! aie !
Mais qu'ai-je donc ?... plus de doute !...
   Aie ! aie ! aie !
   Aie ! aie ! aie !
  J'ai la goutte !

Tous les deux mois, mon digne et tendre père
 Aux sermons joignait un billet ;
Mais son argent, vapeur vive et légère,
 S'envolait comme un feu follet.
Gentils lutins, soupers fins, chapeaux roses,
 Me ruinaient en quelques jours ;

Senèque alors devenait mes amours,
Il a dit de si belles choses!...
Ah! le beau temps!
Aie! aie! aie!
Les doux instants!
Aie! aie! aie!
Mais qu'ai-je donc?... plus de doute!...
Aie! aie! aie!
Aie! aie! aie!
J'ai la goutte!

Combien de fois dans un rêve bachique
J'ai vu ces ravissants démons,
Electrisés par un archet magique,
M'enlacer dans leurs tourbillons!
Je savourais les enivrants arômes
Qu'exhalaient tant de voluptés.
De ces plaisirs qu'autrefois j'ai goûtés
Caressez-moi, riants fantômes!
Ah! le beau temps!
Aie! aie! aie!
Les doux instants!
Aie! aie! aie!
Mais qu'ai-je donc?... plus de doute!

Aie! aie! aie!
Aie! aie! aie!
J'ai la goutte!

Après quinze ans de pénibles études,
    Un jour on me fit avocat;
Il me fallut, rompant mes habitudes,
    En province prendre un rabat.
A tout jamais, adieu folles maîtresses,
    Adieu plaisirs, amours, bonheur !
Si je vous perds, au moins j'ai dans le cœur
    Le souvenir de vos ivresses.
      Ah ! le beau temps !
        Aie! aie! aie!
      Les doux instants !
        Aie! aie! aie!
Mais qu'ai-je donc?... plus de doute !...
        Aie! aie! aie!
        Aie! aie! aie!
        J'ai la goutte !

LA PASSE A LA BÉCASSE

Pour la chasse j'ai peu d'ardeur ;
Mais, lorsque nous revient septembre,
Je fuis mes livres et ma chambre
Et l'automne me fait chasseur.
En rêvant, je bats la bruyère,
Sans voir le gibier qui me fuit ;
Septembre est doux, mais je préfère
Avril, car, ce qui me séduit :
  C'est l'heure où passe
   La bécasse.

Ah ! c'est un moment enchanteur,
Alors que le printemps s'éveille,
Alors que la frileuse abeille
Veut s'affranchir de sa torpeur !
Elle essaye en tremblant son aile,
Mais n'ose encor aller cherchant

Le nectar de la fleur nouvelle
Qui sourit au soleil couchant;
C'est l'heure où passe
La bécasse.

Il m'est arrivé quelquefois,
Oubliant mon arme innocente,
D'écouter la voix frémissante
Des timides chanteurs des bois ;
Ils égrènent, comme des perles,
Leurs refrains par l'hiver perclus;
Quand se joint, au sifflet des merles,
La cloche tintant l'Angelus ;
C'est l'heure où passe
La bécasse.

L'air est calme, la brise dort,
Pourtant, tont s'agite et frissonne,
L'insecte voltige et bourdonne,
De son gîte le lièvre sort ;
Le bourgeon des feuilles prochaines
Montre ses rubis au ciel bleu ;
La feuille sèche des vieux chênes

Tressaille, tombe et dit : Adieu
C'est l'heure où passe
La bécasse.

Comme l'oiseau l'arbre a ses chants ;
La touffe d'herbe, son ramage ;
La mousse, son tendre langage ;
Pour saluer le beau printemps.
A ce moment, l'hymne terrestre
S'élève droit à l'Eternel,
Et le mystérieux orchestre
S'éteint en montant vers le ciel ;
C'est l'heure où passe,
La bécasse.

Deux voix tout bas semblent causer.....
Je cherche d'où vient ce murmure,
Lorsque j'entends sous la ramure
Le bruit émouvant d'un baiser.....
Je vois une robe légère,
Je vois deux tendres mains s'unir :
« Jeanne, le bois est solitaire

« Demain il nous faut revenir,
« A l'heure où passe
« La bécasse. »

Tout travaille au charme produit,
Tout aime, gazouille et pullule ;
C'est le moment du crépuscule,
De cette aurore de la nuit ;
Les mille voix de la nature
Ont fait rêver mon cœur charmé ;
L'oiseau s'enfuit...., mon rêve dure..,
Et cependant j'étais armé
Pour l'heure où passe
La bécasse.

SAINT YVES.

LÉGENDE. — COMPLAINTE.

PREMIÈRE PARTIE.

Entrée d'Yves au Paradis.

C'était vers douze cent trente,
J'en suis à peu près certain,
Que naquit un beau matin
Saint Yves que je vous chante :
« Advocatus non latro,
« Res miranda populo ! »

C'était un fort honnête homme
Aux yeux de certaines gens,
Qui n'étaient pas ses clients,
Et qui n' se doutaient pas comme
Il savait avec succès
Fair' fair' des p'tits aux procès.

A notre avocat le diable
Faisait mille mauvais tours,
Lui procurant tous les jours
Un' clientèle insolvable
Et changeant son timbre, hélas !
En torchons qui n' se nomm'nt pas !

Mais surtout il n' faut pas croire
Qu'à cause de son rabat
On plongea notre avocat
Dans l'enfer ou l' purgatoire ;
J' vais vous prouver qu'il s'est mis
Tout bonn'ment au Paradis.

Voici comment s' fit l'affaire ;
Il connaissait un app'lé
Chrysostôme Bagnolet,
Joueur de basse sur terre ;
Ils mourur'nt dans l' mêm' moment,
Tous les deux ensemblement.

A peine dans l'autre monde,
Yves enfile tout droit
L' sentier, qu'on dit fort étroit,
Qui conduit à la rotonde,
Où grands et p'tits bienheureux
S'amusent à qui mieux mieux.

Mais saint Pierre était de garde
Auprès d'l'établissement,
Il considère un moment
Saint Yves qui le regarde,
Et lui dit : t' vas t'éloigner
Ou je te fais empoigner.

Voulant sans discours frivoles
User c' moment précieux,
Yves lui dit de son mieux
En trois mots, mille paroles;
Et, saint Pierre convaincu,
Répond : de moi te fich' tu ?

Il faut avoir de l'audace,
Dit saint Pierre en grand courroux,
Pour se présenter chez nous
Avec de la paperasse ;
Nous n' voulons pas, mon fifi,
Le moindre avocat ici.

Voyant qu'il ne peut rien faire
De ce Pipelet divin,
Yves rebrousse chemin
Et rencontre assis par terre
Bagnolet, l'air ennuyé,
Et sur sa basse appuyé.

Yves dit : tu m' rendras p't-être
Un service essentiel ;
Le vieux guichetier du ciel
Ne veut pas que j'y pénètre ;
Prétextant, l' drôle de corps,
Qu' les saints sont d'jà trop retors.

Dans ta basse il faut que j'entre,
Une âm' fait peu d'embarras,
Et lorsque tu passeras
Je me tiendrai bien le ventre,
Pour n' pas éclater au nez
De c't insolent porte-clés.

Bagnolet consent sans peine
A ce p'tit arrangement,
Puis, avec son instrument
Vient dans la céleste arêne,
Où le pauvre Yves, hélas !
Croyait qu'il n'entrerait pas.

Depuis une heure et demie,
Dans le céleste réduit,
On entendait un tel bruit,
Que l'oreille est assourdie,
On s' demandait c' que c'était :
C'est saint Yves qui plaidait.

Mais quel est donc ce bastringue,
Dit tout haut l'Père Eternel !
Ah ! çà quel est l'ex-mortel
Qui d' cett' façon se distingue ?
Nom d'un' pip', dit le bon Dieu,
Qu'on l'expulse de ce lieu.

Yves s'écrie : un' minute !.....
Je ne sortirai, ma foi,
Qu'en vertu d'un bon exploit,
Il faut qu' la loi s'exécute,
Le tout sur papier timbré
Et dûment enregistré.

L' bon Dieu dit : qu'à ça ne tienne !...
Qu'un d' nos huissiers soit chargé
D'expulser cet enragé
Et d'empêcher qu'il revienne ;
Mais on n' trouva nulle part
D'huissier dans le saint bazar.

Voilà comme, il faut m'en croire,
Yv's au paradis resta,
Et toute sa mort plaida
Devant le saint auditoire,
Lequel, nous dit-on aussi,
N'en fut pas toujours ravi.

DEUXIÈME PARTIE.

Yves au Paradis.

Yves, chose remarquable,
Dans le ciel s'utilisa,
Car son talent s'exerça
Dans une affaire du diable ;
Si vous voulez, j' vais vous ra-
Conter naïv'ment cela.

Un soir qu'il faisait d' l'orage
Dans le pays du bon Dieu,
De la nuit vers le milieu
On ouït un tel tapage,
Que les saints, frappés du bruit
Eurent peur toute la nuit.

Ce n'était rien autre chose
Qu' l'éboul'ment d'un mur ancien
Qu'on pouvait croir' mitoyen,

Dont la sainte enceinte est close,
Il la séparait d' l'enfer,
On dit qu'il coûta fort cher.

L' bon Dieu qu' n'est pas philosophe
En fut tout épouvanté,
Me v'là, dit-il, bien monté !...
En voyant cett' catastrophe ;
Mon Dieu ! comment faire, hélas !
Pour réparer ces dégâts ?

Si le diable, mon confrère,
Voulait m' faire l'amitié
D'en payer seul'ment moitié,
Je le ferais bien refaire ;
Mais à s' fâcher il est prêt
Quand on lui parle intérêt.

Seigneur, que vous êtes bête !...
Dit respectueusement
L' grand saint Pierre en s'approchant
Et en ôtant sa casquette :

Mais en n' payant rien du tout
Çà n' vous cout'ra pas un sou.

N' croyez pas cette muraille
Mitoyenn', la vérité
C'est qu' c'est la propriété
De Satan, cette canaille,
Qui pour s' préserver d' l'ennui
L'à mise entre nous et lui.

Les saints ne savent rien faire,
Qui donc irait supposer
Qu'ils ont été s'amuser
A bâtir cette barrière ?
Le diable seul doit, je crois,
Payer tout, voilà vos droits.

— Mais dis-moi, mon cher saint Pierre,
Si ce gueusard de païen
Se refusait bel et bien
A consentir à l'affaire,

Nous nous verrions donc forcés
De lui faire un beau procès ?

Saint-Pierre répond : sans doute
Mais, avant de l'intenter,
Vous feriez bien d' consulter,
Et sans qu'un sou ça vous coute,
L'avocat qu' s'est faufilé
Dans la basse à Bagnolet.

Le seigneur était aux anges
D'entendre un pareil discours,
Mais il redoute toujours
Que des incidents étranges
Ne bousculent son projet
D' s'en tirer l' pantalon net.

On chercha partout saint Yves
Vain'ment, car au Paradis
L' bon Dieu n'a jamais admis
La police et ses archives,

Les chercheurs étaient en deuil,
Pas plus d'Yv's que d' beurr' dans l'œil.

Chaque âme trop se ressemble,
Dit Bagnolet, et j' crois bien
Qu'il n' vous reste qu'un moyen,
Usez-en, si bon vous semble,
Pour découvrir, à coup sûr,
L' défenseur de votre mur.

Imbibez de bon champagne
Une épong' que vous pass'rez
A vos abonnés sous le nez,
J' gage qu'Yves accompagne
Et de tout son cœur suivra
Qui la bouteill' portera.

On mouille aussitôt l'éponge.
Qui d'vait prendre l'avocat,
Et l'on vit que cet appât
N'était pas un vain mensonge,

Car une âme ayant suivi
Chacun s'écria : c'est lui !

Le bon Dieu saisit Saint Yves,
Et bien entendu, gratis,
Lui demande son avis
Sur ses craint's, hélas, trop vives ;
— Gratis !... J'en s'rais bien fâché !
Dit saint Yv's un peu mêché.

Je voudrais que tu me dises,
Reprend l' seigneur en courroux,
Lequel du diable ou de nous
Devra payer les bâtisses ;
Si tu ne nous le dis pas
Jamais d' champagn' ne boiras.

Frappé de cette menace
Saint Yves tout attéré,
Après avoir lu Sirey
Répond sans quitter la place :

Votr' procès je l' gagnerai,
Où j'en rappelle à Douai !

Il fallut trouver des juges
Pour vider le différend,
Mais tous du céleste camp
Ces Messieurs étaient transfuges,
Et par Satan exercés
A vider mieux qu' des procès.

Le bon Dieu fort en colère
De n' pas trouver d' jug's chez lui.
Au diable écrit : Cher ami,
Pour terminer notre affaire
Tu n' ferais ma foi pas mal
De m' prêter un tribunal.

Le diable en noble adversaire
Lui dit : ne te fâches pas,
T'en auras des magistrats,
J' te fournirai ton affaire ;

Mais n' faut pas longtemps plaider,
Ça pourrait m' les dégrader.

On fixa l' jour d'audience,
Yves y vient un peu gris;
Il voit un de ses amis
Qui présidait la séance.
Ils causèrent quelque temps ;
De pluie et de mauvais temps.

Cher ami, quelle disgrâce,
Dit le juge à l'avocat,
T'a fait, sans changer d'état,
Trouver au ciel de la place ?
On m' donn'rait vingt sous par jour
Qu' je r'fus'rais un tel séjour,

Ici nous tous, sans rien faire,
Nous passons ainsi le temps,
Les diables sont bons enfants
Nous sommes comme sur terre,

Repos à discrétion,
V'là notre occupation.

— Tandis que moi je m'embête
Dit l'avocat, dans c' lieu-ci,
Vois, comme j'y suis maigri !...
Repousse notre requête
Le mur ne s'ra pas r'monté,
J'irai t'voir en liberté.

Aussitôt après lecture
De longues conclusions,
Les juges, en vrais Solons,
Dirent que la procédure
Du bon Dieu ne valait rien
Que l' mur n'est pas mitoyen ;

Que son seul propriétaire
Est le diable assurément,
Qui n' voit pas d'inconvénient
A n' pas le faire refaire,

Condamn' l'éternel aux frais !
Satan court encore après.

En entendant cett' sentence
On dit que démons et saints
S' mirent à battre des mains
Avec tant de violence,
Qu'un jug' qu'avait sommeillé
En fut presque réveillé.

Depuis cett' brillante affaire
Saint Yves va chaque jour
Au diable faire sa cour,
Et bientôt même il espère
Etr' pourvu par Lucifer
Du log'ment et du couvert.

On assure qu'il préfère
L' dernier séjour au premier,
On n'y trouv' pas un dossier,
Et l'on fait très-bonne chère,
Régime qui n' déplait pas
Aux quat' quarts des avocats.

PAUVRES GARÇONS!

Viens avec moi, ma douce et tendre amie
  Du soir respirer les parfums ;
De nos Argus la prudence endormie
  Nous délivre des importuns.
— Je ne le puis, dit la tremblante Adèle,
  L'astre des nuits est trop brillant
Autant vaudrait s'armer d'une chandelle !
— Grand Leverrier, vous qu'on dit si savant,
  Du ciel éteignez les lumières,
  Car sans cela, pauvres garçons,
  Vous le voyez, nous ne pouvons
   Arranger nos affaires.

Viens avec moi : de la céleste voûte,
  La lune a fui depuis trois jours,
Et ce témoin que ta pudeur redoute
  Ne peut plus gêner nos amours.

— C'est impossible, a dit Adèle émue,
   Des reverbères la clarté
Nous trahirait, je serais reconnue !
— Monsieur le Maire, ah ! par humanité,
   N'allumez plus vos reverbères,
   Car sans cela, pauvres garçons,
   Vous le voyez, nous ne pouvons
       Arranger nos affaires.

Viens avec moi : la nuit est douce et sombre,
   Point de reverbères ce soir ;
Il sera doux de s'adorer dans l'ombre,
   Les jaloux ne pourront nous voir.
— Comment sortir ?... Il faudra que je dise :
   « Ma mère, je vais au saint lieu. »
On ne fait plus rien le soir à l'église !...
— Mon très-saint père, ah ! par l'amour de Dieu,
   De nuit ordonnez des prières :
   Car sans cela, pauvres garçons,
   Vous le voyez, nous ne pouvons
       Arranger nos affaires.

C'était navrant !... mais Dieu dans sa clémence
  Prit pitié des cœurs désolés ;
Aux voyageurs de la sainte éloquence
  Il ordonne des jubilés.
On voit alors Adèle, la peureuse,
  Sortir le soir résolûment ;
Est-ce au sermon qu'elle court si fièvreuse ?
Je n'en sais rien, mais son heureux amant
  Disait : merci révérends pères,
  Car sans vous et sans vos sermons,
  Nous ne pouvions, pauvres garçons,
   Terminer nos affaires.

L'INTELLIGENCE ET L'INSTINCT.

J'entre en fureur, lorsque je pense
Que des gens, se disant moraux,
Prétendent que les animaux
Ont, comme nous, l'intelligence !
De tels philosophes sont fous,
Il n'est pas d'homme qui ne dise :
Je suis seul capable, entre tous,
De bien mûrir... une sottise.
Si ce point n'est par eux atteint,
Les animaux, c'est bien certain,
N'auront jamais que de l'instinct.

Voyez les fourmis, les abeilles,
Dans leurs petits états, on dit
Qu'au chef tout le monde obéit,
Que le peuple y fait des merveilles.
Notre supériorité

Nous fait des mœurs beaucoup moins fades :
Nous avons pour l'autorité,
Du respect et des barricades.
Si ce point n'est par eux atteint,
Les animaux, c'est bien certain,
N'auront jamais que de l'instinct.

Vous me citez les tourterelles,
Pauvres oiseaux, que je vous plains !
Car vos serments ne sont pas vains,
C'est si triste d'être fidèles !
Au moins chez l'homme intelligent,
On traite bien mieux cette affaire,
Et tout ménage, bien portant,
D'époux trompés, compte... une paire.
Si ce point n'est par eux attetnt,
Les animaux, c'est bien certain
N'auront jamais que de l'instinct.

Moi, chez les chiens, quoiqu'on en dise,
Je taxe de stupidité,
Leur graduite fidélité
Au maitre qui les brutalise ;

Chez nous, le riche a des amis
Que son infortune disperse,
Nos sages n'ont-ils pas admis
Que l'amitié n'est qu'un commerce ?
Si ce point n'est par eux atteint,
Les animaux, c'est bien certain,
N'auront jamais que de l'instinct.

Quoi de plus sot que les reptiles ?
Toujours, à plat ventre, on les voit,
Sans demander quoi que ce soit ;
Les hommes sont bien plus habiles !
Dès que l'un d'eux veut attraper
Les faveurs qu'il ambitionne,
Avec grâce on le voit ramper
Et mordre la main qui les donne.
Si ce point n'est par eux atteint,
Les animaux, c'est bien certain,
N'auront jamais que de l'instinct.

A leur bon sens, comment donc croire ?
Vraiment il suffit de songer.
Qu'il leur faut la faim pour manger,

Et, pis encor, la soif pour boire.
L'homme, avec sa perfection,
A juste titre les méprise,
Lui, qui meurt d'indigestion,
Et qui, sans soif, souvent se grise.
Si ee point n'est par eux atteint,
Les animaux, c'est bien certain,
N'auront jamais que de l'instinct.

Leur vie est monotone et triste ;
Ils ignorent le vrai bonheur ;
Ils n'ont pas même un percepteur,
Pas un recors, pas un dentiste ;
Chez eux, jamais de longs débats,
Rarement une maladie ;
Point de médecins, d'avocats,
Demandant la bourse ou la vie.
Si ce point n'est par eux atteint,
Les animaux, c'est bien certain.
N'auront jamais que de l'instinct.

Vous le voyez, l'espèce humaine,
Intelligente à tout endroit,

Peut bien se prétendre, à bon droit,
Du monde entier la souveraine ;
Car les hommes seuls sont parfaits,
Et chacun d'entr'eux le publie :
Les animaux n'auront jamais
Un tel excès de modestie.
Si ce point n'est par eux atteint,
Les animaux, c'est bien certain,
N'auront jamais que de l'instinct.

L'AMITIÉ.

Je crois en Dieu, quand je vois la misère
Parer de fleurs sa lourde et triste croix ;
J'espère en lui, quand je vois, sur la terre,
Le malheureux sourire quelquefois.
Il brave tout, si Dieu veut qu'il lui reste
Ce grand trésor des mortels envié,
Rayon divin de la bonté céleste,
    C'est l'amitié !

Pauvre soldat blessé dans la mêlée,
Vers le pays, tes soupirs vont en vain ;
Elle est trop loin, la natale vallée,
Et ton appel resterait en chemin.
Qui devra donc, pour ta famille absente,
Te prodiguer des trésors de pitié
Et refermer ta blessure saignante ?
    C'est l'amitié !

C'est par milliers, qu'on peut compter les trônes,
Sur leurs débris, roulant avec fracas ;
Et, dans leur chute, on a vu des couronnes
Meurtrir les pieds des plus hauts potentats.
Ils conjuraient ce désastre suprême
Ces grands déchus, s'ils n'avaient oublié
Le seul étai, qui sauve un diadème :
  C'est l'amitié !

Sainte amitié, par les grands dédaignée,
On te proscrit des palais somptueux,
D'un fol orgueil, martyre résignée,
Cherche un refuge au cœur du malheureux.
Là, de tes lois on subit la magie,
A les chérir le pauvre est convié,
Et, sans efforts, gaîment il sacrifie
  A l'amitié !

Deux vieux époux, près du feu qu'ils tisonnent,
En souriant, causent de leur printemps,
De ces amours qui, si vite, abandonnent
Leurs sectateurs, même les plus constants.

Frivole amour, ton règne est éphémère !
D'un cœur aimant tu n'as que la moitié,
Dès qu'il vieillit, la place reste entière
　　A l'amitié !

UNE BONNE FORTUNE EN DILIGENCE.

—

Lorsqu'il était encor des diligences,
    J'aimais beaucoup de voyager ;
Je n'ai jamais redouté les distances,
    Le hasard les sait abréger.
Que d'amitiés écloses en voiture !
    Que d'amours et que de serments !
Mais en vagon pas la moindre aventure,
    De s'aimer on n'a plus le temps.

Par un beau soir du mois père des roses,
    Je m'installe dans le coupé ;
Malgré la nuit et les portières closes
    Je vois un des coins occupé.
Amour ! merci... C'est une voyageuse...
    Elle est belle à n'en pas douter...
Car, au seul bruit de sa robe soyeuse,
    Mon cœur se prend à palpiter.

J'ai salué, mais la belle inconnue
    A mon approche a tressailli,
Est-ce d'effroi qu'elle peut être émue ?
    Non... de plaisir on tremble aussi.
Sous son haleine et tiède et parfumée,
    Je vois un ruban voltiger ;
Comme un jouet de la brise embaumée
    S'agite son voile léger.

Je puis serrer la main qu'on m'abandonne
    Et que me cache un gant jaloux :
Il n'en est pas au ciel de plus mignonne,
    Que son frémissement est doux !
— Charmante nuit... n'est-il pas vrai, Madame,
    Puisse-t-elle ne pas finir ! —
Elle soupire... et j'entends en mon âme
    Le tendre écho de ce soupir.

La douce main répond à mon étreinte
    Et semble me dire d'oser...
Tout frissonnant d'espérance et de crainte
    Je risque un timide baiser.
Amour ! Amour ! dans ton empire étrange

Que d'événements imprévus !
J'aime et je crois être aimé de cet ange,
Dans l'ombre nos cœurs se sont vus.

Réveille-toi, trop paresseuse aurore,
    Et viens éclairer de tes feux
Les traits charmants de celle que j'adore
    Et que la nuit voile à mes yeux.
Le jour paraît... je saute à la portière !...
    D'horreur mon cœur s'est soulevé...
Mon ange, c'est... une affreuse sorcière !
    Quatre-vingts ans... et l'œil crevé !...

SAINT HUBERT

Patron des Chasseurs.

LÉGENDE. — COMPLAINTE.

Je vas vous conter l'histoire
De ce bon Monsieur Hubert.
Qui remplaça saint Lambert,
Sans croir' qu'il aurait la gloire
De voir son nom tout entier
Ecrit dans l'calendrier.

Il est d'un' famille éteinte,
Mais qui dans le ciel brilla ;
Béat fut son grand papa,
Sa tante mourut en sainte,
C'est sous Pépin qu'il vivait,
On dit qu' son père en avait.

Il ne savait pas grand'chose,
Mais n'avait pas d'grands défauts,
Seulement dans les temps chauds,
Il n'exhalait pas la rose ;
Hélas ! dans cet univers
Chaque homme a son p'tit travers.

Son épouse pleine d'charmes,
Jeune s'mit à décéder,
On l'vit alors demander
A M'sieur l' préfet le port d'armes,
Dans l'espoir qu'il chasserait
De son cœur son vif regret.

Découplant près des haut's bornes,
Un jour il est bien surpris
De voir briller dans l' taillis
Un' superbe paire d' cornes,
Il va tirer... mais soudain
Il croit r'connaître un voisin !

J'allais fair' d' la propre ouvrage,
Dit-il, d'un air attéré,

Voyez-vous, si j'euss' tiré
Sur cette enseigne d' ménage
Je me s'rais fait des ennemis
Des six cinquiem's des maris !

Mais quell' drôle d'aventure !
Qu'est-c' qu'il remarqu' dans l' bois ?
C'est un cerf qu' avait un' croix
Au beau milieu d' sa coiffure,
Tiens ! qu'il s' dit tout effaré,
C'est un cerf qu' est décoré.

A g'noux Hubert s'humilie
En s' disant : j'en fais l' pari
Ce cerf doit être l' mari
D'une cerfesse jolie,
Les laid's leur donn'nt bien des bois,
Mais très-rarement la croix.

D'un geste noble et sévère
L' cerf annonc' qu'il va causer,
L'autr' croyant qu'il veut priser,

Lui présent' sa tabatière,
Mais le cerf lui dit : Nigaud,
Je n' prends point d' tabac d' bureau.

De ce pas vas-t-en-z-à Liége
Trouver l' nommé saint Lambert,
Dis-lui : C'est moi qu' suis Hubert,
Tout d' suite il t' donn'ra son siége :
Tu s'ras évêqu' dès c' moment
Mais conduis-toi proprement.

Un grand garçon de ton âge
N' peut pas rester sans emplois,
A force d' courir les bois
Tu causeras quelqu' dommage,
Au moins sur l' trôn' 'piscopal
T' auras point d' procès-verbal.

En signe d'obéissance
Hubert prépar' son ballot,
Et, pour arriver plus tôt,
Ne prend pas la diligence ;

Et dans Liége il arrivait
Comm' saint Lambert trépassait.

Il fit des chos's surhumaines,
Il ressuscita tout d' bon
Des marins qu'étaient, dit-on,
Noyés depuis trois semaines,
C' que M'sieu le maire ayant appris
De sauv'tag' lui donna l' prix.

Il sait guérir de la rage
Ceux qui n' seront pas mordus,
En préservant au surplus
Ceux-là qu' auront le courage
D' rester enfermés chez eux
Quand les chiens sont dangereux.

Un d' ses miracles étranges,
C'est qu'un jour il éteignit
Ûn' maison ousque l' feu prit
Rien qu'en invoquant les anges;
Faudrait d' tels particuliers
Dedans les sapeurs-pompiers.

Comm' récompense éclatante,
Le Saint-Père a proclamé
Que saint il serait nommé
A la premièr' plac' vacante;
C' n'est pas l' diable, mais enfin
Ça vaut toujours mieux que rien.

Le v'là saint! La belle avance!
Car dans un tel régiment
En matière d'avanc'ment
On n'a pas beaucoup de chance.
Il faut s' donner bien du mal
Pour arriver caporal.

Les chasseurs ont la manie,
Je ne sais pour quell' raison,
De l' choisir pour leur patron
Car il n' chassa de sa vie;
Mais grand hâbleur il était
C'est l' patron qu'il leur fallait.

INVOCATION.

O grand saint que je vénère,
Si tu protég's les chasseurs,
Fais les un peu moins blagueurs
Et tu verras tout' la terre
A g'noux dire avec transport :
D' tes miracles v'là l' plus fort !

LE CAPORAL FRANCŒUR.

—

Francœur, caporal de zouaves,
A la guerre était un démon ;
Mais Francœur, comme tous les braves,
Après, était sensible et bon.
Il racontait ainsi l'histoire
D'un jeune Autrichien qu'il tua :
Ah ! mes amis, de celui-là
Je garderai longtemps mémoire.
Je suis zouave et je sais bien
Que tout n'est pas rose à la guerre,
Hier son tour, demain le mien,
Ma foi tant pis !... j'emplis mon verre
En souvenir de l'Autrichien.

C'était un noble volontaire,
Fine moustache et grands yeux bleus.
Brave comme un vieux militaire,

Parant un coup, en portant deux ;
Bien malgré moi ma baïonnette
Frappe au cœur le vaillant garçon,
Il chancelle et murmure un nom,
J'ai compris... adieu Juliette !
Je suis zouave et je sais bien
Que tout n'est pas rose à la guerre,
Hier son tour, demain le mien,
Ma foi tant pis !... j'emplis mon verre
En souvenir de l'Autrichien.

A ses côtés je m'agenouille,
Espérant lui porter secours,
Je prends son mouchoir et le mouille
D'un vin que je n'ai pas toujours ;
Le pauvre mourant me devine,
Il me dit : Merci, caporal...
Ce merci-là m'a fait plus mal
Qu'un coup de feu dans la poitrine !
Je suis zouave et je sais bien
Que tout n'est pas rose à la guerre,
Hier son tour, demain le mien,
Ma foi tant pis !... j'emplis mon verre
En souvenir de l'Autrichien.

Lorsque j'entr'ouvre sa tunique,
Je vois sur son cœur tout sanglant,
Des cheveux noirs... tendre relique
De la maîtresse qui l'attend.
Pardonne-moi, pauvre petite,
J'aurais sauvé ton fiancé,
Si j'avais un instant pensé
Qu'au pays m'attend Marguerite.
Je suis zouave et je sais bien
Que tout n'est pas rose à la guerre,
Hier son tour, demain le mien,
Ma foi tant pis !... j'emplis mon verre
En souvenir de l'Autrichien.

Quand sa tête retombe à terre,
Je trouve, à son cou suspendu,
Un médaillon... c'était sa mère !
De pitié mon cœur s'est ému ;
Je porte vaillamment mes armes,
Mais, à cette heure, j'ai tremblé...
Ah ! mes amis !... il m'a semblé
Que le portrait versait des larmes !
Je suis zouave, et je sais bien

Que j'ai là-bas ma vieille mère.....
Pauvre femme !... qui sait ?... demain...
Elle... mais bah ! encore un verre,
Il faut oublier l'Autrichien.

LE DIEU DES IVROGNES.

Quand l'intelligence se voile
    Chez un buveur,
Il se fie à certaine étoile
    Chère à son cœur ;
Ange gardien des rouges trognes,
    Elle est, selon
    Le vieux dicton,
Le Dieu protecteur des ivrognes ;
Mais on n'éprouve sa vertu
Que lorsque l'on a beaucoup bu.

Boit sec, en sortant d'une auberge,
    Bouteille en main ;
Trébuche et s'endort sur la berge
    De son chemin ;
Il rêve qu'un bon lit de plume
    Est, à coup sûr,

Beaucoup moins dur,
Et dit, en voyant qu'il s'enrhume :
Si notre bon Dieu l'a voulu,
C'est que je n'ai pas assez bu.

Tout grelottant, Boit-sec se lève,
 En se disant :
Il faut, morbleu, que je m'achève,
 Chemin faisant.
Dans cet espoir, il se dépêche,
 Mais il s'étend
 Dans un étang,
Et dit, alors qu'on le repêche :
Si notre bon Dieu l'a voulu,
C'est que je n'ai pas assez bu.

Il veut rentrer, et frappe en maître
 Chez un voisin,
Qui lui lance par la fenêtre
 Un plat-bassin ;
En s'épurant, Boit-sec murmure
 A demi-voix :
 Une autre fois,

J'en prendrai plus ample mesure ;
Si notre bon Dieu l'a voulu,
C'est que je n'ai pas assez bu.

Quand près de sa femme il arrive,
    Il s'aperçoit
Qu'avec une humeur un peu vive
    On le reçoit ;
On le bat, sans qu'il s'en irrite,
    Même il disait :
    C'est fort bien fait,
Je n'ai que ce que je mérite.
Si notre bon Dieu l'a voulu,
C'est que je n'ai pas assez bu.

Trois jours après, Boit-sec est ivre,
    Mais comme il faut ;
Sans trébucher, on le voit suivre
    Le bord de l'eau ;
Il ne se trompe plus de porte,
    Rentre chez lui
    Droit comme un i,

Et dit, voyant sa femme morte :
Si notre bon Dieu l'a voulu,
C'est qu'il trouve que j'ai bien bu.

LE BON DIEU RIT.

Reprenez votre air sérieux,
Seigneur, — dit au bon Dieu saint Pierre, —
Il ne sied pas d'être joyeux
Au divin Maître de la terre.
— Cher portier, mes efforts sont vains !
Quand je vois l'étrange délire
De ce qu'on nomme les humains,
Sapristi !... comment ne pas rire ?

Ils se sont, je crois, figuré
Que je les voue à tous les diables,
Si je n'en suis pas adoré
Avec des rites incroyables.
Quand je les vois tous à genoux,
En assez mauvais grec, me dire :
« Seigneur, ayez pitié de nous ! »
Sapristi !... comment ne pas rire ?

Ils pensent que, du paradis,
Je leur interdirai l'entrée,
S'ils ne mangent, les vendredis,
Des harengs ou de la purée ;
Et, quand ce jeûne est observé,
Ils prennent le droit de médire ;
Par le maigre, on se croit sauvé.
Sapristi !... comment ne pas rire ?

Il en est qui, pour me charmer,
Se déchirent avec des verges ;
D'autres qui ne savent m'aimer
Qu'en allumant leurs plus gros cierges.
Pour moi, leur amour est bien doux ;
Mais, quand je les vois le traduire
Par des chandelles ou des coups,
Sapristi !... comment ne pas rire ?

Quelques-uns d'eux ont entrepris
De procurer le ciel aux autres ;
Mais le salut dépend du prix
Que demandent ces bons apôtres.
On les supposerait, ma foi,

Seuls directeurs de mon empire ;
On les croit plus puissants que moi.
Sapristi !... comment ne pas rire ?

Quand j'ai fabriqué les humains,
Je croyais mon œuvre parfaite.
Je me suis trompé, je le crains ;
Ma foi, tant pis ! la chose est faite.
Gardons-nous de les ragréer :
Ils m'amusent ; je les admire.
Des êtres que j'ai su créer,
Ce sont les seuls qui me font rire !

QU'EN PENSEZ-VOUS CONFRÈRE ?

Lettre du Derviche A au Derviché B.

Cher confrère, depuis six mois,
D'horreur, mes cheveux sont tout droits.
On menace nos existences
Avec des cours, des conférences,
Des ligues de l'enseignement,
Le diable s'en mêle vraiment !
C'est un ingrat !... Car s'il fait son affaire,
C'est à nous qu'il le doit, qu'en pensez-vous, confrère ?

Nous menions par le bout du nez
Femmes, filles, vous le savez.
Qui remplissait nos escarcelles ?
Qui nous adorait ? c'étaient elles !...
Et le moindre bonnet carré

Leur semblait un objet sacré.
On leur apprend que notre ministère
N'est pas tout à fait Dieu !.. qu'en pensez-vous confrère?

On leur dit (cela fait frémir) :
— Femmes, il vous faut réfléchir ;
De la raison que Dieu vous donne,
Vous devez user, il l'ordonne ;
Discutez, pesez sagement ;
Ne croyez rien aveuglément. —
C'est odieux !... et tout à fait contraire
A ce que nous prêchons... qu'en pensez-vous, confrère?

Les hommes ont fort bien compris
Que par les femmes ils sont pris.
Sur elles voyant notre empire,
Ils s'acharnent à le détruire ;
Mais ce mal peut se réparer,
Le ciel saura nous inspirer !
La peur du diable ou quelque gros mystère
Nous les rattachera... qu'en pensez-vous, confrère?

Plus les médecins sont savants,
Plus nous avons d'enterrements ;
Mais aussi, leur science infâme
Voudrait faire douter de l'âme,
Sans âme, plus de paradis,
Plus d'enfer ! adieu nos profits. .
L'âme, pour eux, c'est le vil numéraire,
L'or que nous méprisons... qu'en pensez-vous confrère?

— Je crois, confrère vénéré,
Que tout n'est pas désespéré.
Si le bon temps voulait renaître
Et l'instruction disparaître,
Des auto-da-fé, selon moi,
Ramèneraient vite la foi.
C'est par le feu qu'on obtient la lumière.
Préparons nos fagots... qu'en pensez-vous, confrère?

MAUDITS PROVERBES.

Des nations on dit que la sagesse
　　Par des proverbes se traduit ;
Je l'apprenais, un soir, à ma maîtresse,
　　Voici le résultat produit :
Elle me trompe, et lorsque je la gronde
Je l'entends dire : « Egoïste ! comment,
« Tu méconnais ce grand enseignement :
　« Le soleil luit pour tout le monde. »
Mais je disais : Au diable le dicton !
　　　　Non, cent fois non !
　　　　Mille fois non !
Le vieux proverbe n'est pas bon.

Deux charpentiers avaient touché vingt livres
　　Pour la façon d'un lit de camp,
Le même soir, tous les deux étant ivres,
　　Chantaient à briser le tympan,

Or, un sergent, pour leur fermer la bouche,
Les mène au poste et leur dit : « Sur ma foi !
« Vous serez bien, vous connaissez la loi :
  « Comme on fait son lit, on se couche. »
Mais ils disaient : Au diable le dicton !
    Non, cent fois non !
    Mille fois non !
Le vieux proverbe n'est pas bon.

D'un vieux mari, la jeune et belle femme
  Appelle en vain l'époux qui fuit ;
Le jour allume une amoureuse flamme
  Que ne peut éteindre la nuit.
« Ma bonne amie, ah ! laissez-moi, de grâce, »
Dit le vieillard, « gardons-nous d'abuser,
« Du plaisir même on pourrait se lasser.
  « Puis : Mal étreint, qui trop embrasse. »
Elle disait : Au diable le dicton !
    Non ! cent fois non !
    Mille fois non !
Le vieux proverbe n'est pas bon.

Un bas-normand encourageait son père
   A se laisser pendre gaîment :
« Voyons, dit-il, ce qui te désespère
   « N'est que l'affaire d'un moment ;
« Tu m'as appris, dès ma plus tendre enfance,
« Qu'à la nature il faut payer son dû,
« Or, que l'on meure ou malade, ou pendu,
   « Bah !... Honni soit qui mal y pense. »
Mais il disait : Au diable le dicton !
      Non, cent fois non !
      Mille fois non !
Le vieux proverbe n'est pas bon.

Un mien ami, bon vivant réfractaire,
   Pour combattre ici-bas l'erreur
Prend la soutane, et, dès qu'il est vicaire,
   Se pose en grand prédicateur.
Je vais, un soir, l'entendre à la chapelle,
Où cent flambeaux éclairent ses sermons ;
« Qu'en penses-tu ? » me dit-il. Je réponds :
   « Le jeu n'en vaut pas la chandelle. »
Mais il disait : Au diable le dicton !
      Non, cent fois non !
      Mille fois non !
Le vieux proverbe n'est pas bon.

LA TRAITE DES BLANCS.

Je ne pouvais comprendre, je le jure,
    Qu'on eut osé s'ingénier
A fabriquer des époux sur mesure
    Pour les filles à marier ;
Mais un matin, je reçus une lettre
    Que par erreur on m'adressait
Mon doute, alors, n'eût plus de raison d'être.
    Voici ce qu'elle contenait :

Selon vos vœux, Monsieur, je vous adresse
    Un prospectus de nos maris,
De s'en pourvoir chacun chez nous s'empresse,
    Aussi sont-ils tous hors de prix.
Le prix-courant, dont vous lirez la liste,
    Pourra bien s'augmenter un peu,
Si votre fille est boiteuse ou pianiste,
    Hargneuse, dévote ou bas-bleu.

Je puis, Monsieur, vous donner à l'épreuve
 Un jeune avocat sans défaut ;
D'un grand mérite il a déjà fait preuve,
 Car il se tait dès qu'il le faut ;
Son aptitude est vraiment sans pareille.
 On peut même en faire un chrétien,
Dix mille écus pour si rare merveille !...
 Parole d'honneur, c'est pour rien.

J'ai, dans les prix un peu moins ordinaires,
 Des articles fort distingués,
Un percepteur et deux ou trois notaires,
 Garantis honnêtes et gais ;
Ils ne sont pas l'affreuse pacotille
 Qu'osent offrir mes concurrents,
Et tous feront le bonheur d'une fille
 Ayant... quatre-vingt mille francs.

Je tiens aussi la haute fantaisie,
 Préfets, marquis et substituts ;
Pour les avoir, il faut qu'on justifie
 D'une dot de cent mille écus.

C'est bien baissé.... dans un temps moins critique
  On devait, en outre, fournir
L'espoir au moins d'un oncle d'Amérique
  Sans bonne, et tout près de mourir.

Voilà, Monsieur, mes prix en conscience,
  Je n'en puis rien diminuer;
Il est pourtant certaine circonstance,
  Qui pourrait les atténuer :
Si les parents voulaient bientôt remettre
  Leur âme à Dieu, cette raison
Déciderait le gendre à leur promettre...
  Une large concession.

———

LES DEUX MATHIEU.

Mathieu Lænsberg et Mathieu de la Drôme,
 Du temps connaissent les décrets,
Tous deux ont lu dans le céleste dôme,
 Ils en dévoilent les secrets ;
Devins prudents, ils ont bien su comprendre
 L'antagonisme et son pouvoir.
Quand l'un dit blanc, l'autre aussitôt dit noir,
 Et les hommes s'y laissent prendre.
  A genoux, remercions Dieu,
  Car, selon sa volonté sainte;
  Chaque espérance ou chaque crainte
  A son Mathieu.

Les deux Mathieu ne sont-ils pas l'image
 De l'étrange caprice humain ?
Selon son gré, chacun, pour le voyage,
 Hérisse ou sable son chemin.

Viveurs joyeux, prenez l'almanach rose,
　　Il dit : beau temps, amour, espoir ;
Tristes rêveurs, voici l'almanach noir,
　　Il sait plaire à l'esprit morose.
　　　A genoux, remercions Dieu,
　　　Car, selon sa volonté sainte,
　　　Chaque espérance ou chaque crainte
　　　　A son Mathieu.

Jeunes amants, vous qui désirez l'ombre,
　　Et fuyez les regards jaloux,
Mathieu l'aîné vous promet un temps sombre
　　Pour abriter vos rendez-vous ;
Mais, au papa, dont la fille timide
　　Redoute un jour trop éclatant,
Mathieu le jeune annonce au même instant
　　Que le soleil sera splendide.
　　　A genoux, remercions Dieu,
　　　Car, selon sa volonté sainte,
　　　Chaque espérance ou chaque crainte
　　　　A son Mathieu.

Au franc buveur, dont la figure change
      Quand ses tonneaux ont trop de son,
Le vieux Mathieu prédit une vendange
      Chaude, abondante et le vin bon,
Au frelateur, qui craint de ne pas vendre
      Les vins qu'il ne peut écouler,
Mathieu cadet dit que tout va geler,
      Et qu'un bon marchand doit attendre.
      A genoux, remercions Dieu,
      Car, selon sa volonté sainte,
      Chaque espérance ou chaque crainte
          A son Mathieu.

Si je pouvais, comme ces deux prophètes,
      Lever le voile du futur,
Sans m'occuper des astres, des comètes,
      Je leur prédirais, à coup sûr,
Qu'en persistant dans leur docte système,
      Et faisant chacun sa saison,
Au moins l'un d'eux aura toujours raison,
      Et l'autre se vendra quand même.
      Ils devront remercier Dieu,
      Car, selon sa volonté sainte,
      Chaque espérance ou chaque crainte
          A son Mathieu.

LES RECOURS EN GRACE.

Le droit de grâce est un rayon céleste
    Qui brille au front de tous les rois,
Et ce rayon, le bon cœur nous l'atteste,
    Est le plus noble de leurs droits.
Hélas! il est une classe de peines,
    Qui voit ce pouvoir impuissant ;
Aux pieds des rois, que de prières vaines !
    Que de condamnés vont disant :
    Sire, grâce !... faites-nous grâce !
    La Majesté dit : je suis lasse
    D'entendre toujours ce refrain,
    Pour de tels maux j'ai le chagrin
D'avouer impuissant mon pouvoir souverain.

Sire, je suis l'épouse infortunée
    D'un viveur qui fut mon espoir ;
A boire, à rire, il passe sa journée,

Et rentre un peu gris chaque soir;
Quand je tempête, il affirme qu'il m'aime,
Veut le prouver.... et puis s'endort;
Tous les dix mois, chez nous, c'est un baptême!
Ah! prenez pitié de mon sort!
Sire, grâce !... faites-moi grâce !
La Majesté dit : je suis lasse
D'entendre toujours ce refrain,
Pour de tels maux, j'ai le chagrin
D'avouer impuissant mon pouvoir souverain.

Sire, prenez pitié de ma détresse,
Je suis sur mon lit de douleur,
A mon chevet, je vois rôder sans cesse
Des médecins qui me font peur ;
Mes héritiers, dans leur impatience
De partager entre eux mon bien,
Vont me livrer aux mains de la science,
C'est un trop rapide moyen !
Sire, grâce !... faites-moi grâce !
La Majesté dit : je suis lasse
D'entendre toujours ce refrain,
Pour de tels maux, j'ai le chagrin
D'avouer impuissant mon pouvoir souverain.

Sire, à mes maux apportez l'antidote,
    Depuis dix ans je suis l'époux
D'un vrai démon, d'une femme dévote,
    Qui met tout sens dessus dessous.
A faire maigre, à médire on me force,
    C'est un enfer que sa vertu !
Aux lois en vain je demande un divorce,
    Le cas, dit-on, n'est pas prévu.
    Sire, grâce !... faites-moi grâce !
    La Majesté dit : je suis lasse
    D'entendre toujours ce refrain,
    Pour de tels maux, j'ai le chagrin
D'avouer impuissant mon pouvoir souverain.

Sire, voyez quel supplice effroyable
    Le bon ton nous fait endurer !
Dans un salon, on doit, d'un air aimable,
    Tout applaudir sans murmurer ;
D'un chansonnier il faut subir les rimes,
    D'un piano, les sons discordants,
Les condamnés pour les plus affreux crimes
    N'éprouvent point pareils tourments ;
    Sire, grâce !... faites-nous grâce !

La Majesté dit : Je suis lasse
D'entendre toujours ce refrain,
Pour de tels maux, j'ai le chagrin
D'avouer impuissant mon pouvoir souverain.

L'AMI MOREL.

Vous avez vu dans tous les temps
Des crapauds se couvrir de roses,
Et des professeurs peu moroses
Et des coqs pondre des harengs,
Cela s'est vu dans tous les temps.
Mais vous ne voudrez jamais croire
Ce que je vais vous raconter,
C'est si fort que l'on peut douter.
De Morel et de son histoire.
C'est vraiment bien surnaturel,
Ce que fit mon ami Morel.

Vous n'avez vu dans aucun temps
Un vieux cheval devenir rosse,
Morel, enfant, fut si précoce
Qu'il émerveillait ses parents ;
Ça ne s'est vu dans aucun temps.
On l'éleva sans artifice,

Avec beaucoup d'honnêteté,
Pourtant, le petit effronté
Prenait le sein de... sa nourrice.
N'est-ce pas bien surnaturel
Ce que fit mon ami Morel ?

Vous n'avez vu dans aucun temps
Des espiègles servant la messe,
Des vieilles femmes à confesse
Fort ennuyer les desservants ;
Ça ne s'est vu dans aucun temps.
Lorsque Morel eut la barrette,
Il fit rire son confesseur,
En lui disant avec candeur :
J'ai bu le vin de la burette.
N'est-ce pas bien surnaturel
Ce que fit mon ami Morel ?

Vous n'avez vu dans aucun temps
Les garçons rechercher les filles,
Et surtout choisir les gentilles,
Pour tâcher d'être leurs amants ;
Ça ne s'est vu dans aucun temps.

Pourtant Morel, un jour de fête,
Un joli minois courtisa,
On dit même qu'il l'épousa
Tellement qu'il en devint... bête.
N'est-ce pas bien surnaturel
Ce que fit mon ami Morel ?

Vous n'avez vu dans aucun temps
Des messieurs trahis par leurs dames,
Ni des maris tromper leurs femmes,
Quoiqu'en disent certains romans,
Ça ne s'est vu dans aucun temps.
Morel eut plusieurs certitudes
Qu'il était... Comment dit-on ça ?
Mais de sa femme il se vengea,
Sans déranger ses habitudes.
N'est-ce pas bien surnaturel
Ce que fit mon ami Morel ?

Vous n'avez vu dans aucun temps
Un veuf prenant la chose en brave,
Chercher dans l'amour, dans sa cave,
Pour ses maux des soulagements ;

Ça ne s'est vu dans aucun temps.
Quand de sa femme il vit la fosse,
Morel, le soir même, était gris,
Et, le lendemain, fort épris
D'une veuve... en millième noce.
N'est-ce pas bien surnaturel
Ce que fit mon ami Morel ?

Vous n'avez vu dans aucun temps,
Quand son impuissance l'irrite,
Le diable, se faisant ermite,
Médire et faire quatre-temps ;
Ça ne s'est vu dans aucun temps.
Hélas ! Morel subit l'angoisse
De vieillir et n'aimer plus rien ;
Puis il mourut en bon chrétien
Et marguillier de sa paroisse.
N'est-ce pas bien surnaturel
Ce que fit mon ami Morel ?

LE NUAGE.

Où vas-tu, nuage flottant,
A travers la voûte azurée ?
Dis-moi s'il est une contrée
Qui fixe ton vol inconstant ?

Suspendu par ton aile blanche,
Tu planes dans l'immensité,
Ou, par le vent précipité,
Tu roules comme l'avalanche.

Je voudrais savoir d'où tu sors :
Viens-tu du ciel ou de la terre ?
Viens-tu de l'écume légère
Que l'onde vomit sur ses bords ?

Peut-être es-tu l'âme bénie,
D'une mère qui veut revoir
L'enfant qu'elle quittait le soir
Après sa brûlante agonie?

Que tes reflets soient gris ou blancs,
Tu nous charmes à ta naissance;
Est-ce la mort ou l'espérance,
Que tu recèles dans tes flancs?

Tu nais souvent avec l'aurore;
Et riche du manteau vermeil
Que tu dérobes au soleil,
Tu glisses comme un météore.

Dis : vers le pays où tu cours,
Vas-tu rappeler à la vie
La mourante et sèche prairie
Qui languit depuis tant de jours.

Hélas! ta couronne argentée
Change d'aspect en grossissant,
Tu ramasses tout en passant
Comme fait l'aiguille aimantée.

L'homme des champs craint tes fureurs.
Ton sein renferme la tempête,
Et déjà gronde sur sa tête
La menace de ses malheurs.

Mais tu fuis... un vent qui s'élève
Te chasse, épargnant sa moisson ;
Tu disparais à l'horizon,
Et sa terreur n'est plus qu'un rêve.

Ainsi chaque chose a son cours,
Selon la volonté divine ;
L'homme naît, il croît, il décline,
L'orage emporte ses amours.

Puis il meurt sans laisser de trace
Quand il croyait son but atteint,
Comme la lampe qui s'éteint,
Comme le nuage qui passe.

Adieu, nuage au blanc contour.
Poursuis ta course vagabonde ;
Montre-nous le chemin d'un monde
Où l'homme espère aller un jour.

VOYAGE EN CHINE.

Messieurs, j'arrive de la Chine,
C'est un pays fort ennuyeux,
Et c'est à tort qu'on s'imagine
Que tout s'y passe pour le mieux.
Les Chinois rendent leurs hommages
Bien plus à l'argent qu'aux vertus !
Que de fripons en équipages !
Que d'honnêtes gens mal vêtus !
    Tandis qu'en France,
      Ah ! quelle différence !...

De leurs opéras la musique
Est un bacchanal effrayant,
Chaque compositeur se pique,
Avant tout, d'être fort bruyant.
Le cuivre hurle avec furie
Sous la douce et simple chanson,
Pour les Chinois point d'harmonie

Si la flûte n'est un canon ;
    Tandis qu'en France,
      Ah ! quelle différence !...

Les Mandarins, dans leur allure,
Affectent tant de dignité
Qu'un étranger se les figure
En dehors de l'humanité.
Quoique bien lente, leur justice
Déraille encore assez souvent,
Et, si Dieu veut qu'on la subisse,
Seul il sait ce qu'il faut d'argent ;
    Tandis qu'en France,
      Ah ! quelle différence !...

Quand on n'est pas malade en Chine,
Les médecins sont bien payés ;
Mais, dès qu'on a mauvaise mine,
Leurs honoraires sont rayés ;
Précaution vaine et futile,
L'amour de l'art a tant d'attraits
Que le docteur le plus habile

Gratis vous envoie *ad patres;*
Tandis qu'en France,
Ah! quelle différence!...

Toutes les femmes à la mode
Visent au langage fleuri,
Mais pas une ne racommode
Les chaussettes de son mari.
Les Chinoises, pour leurs toilettes,
Dépensent des monceaux d'écus :
Aussi que de femmes coquettes!
Aussi que de maris cocus!
Tandis qu'en France,
Ah! quelle différence!...

Ce n'est point sur les cheminées
Qu'ils mettent leurs plus laids magots,
D'autres places leur sont données;
Les plus fêtés sont les plus sots :
Les emplois du céleste empire,
Tant courus des ambitieux,
S'accordent, cela va sans dire,

Aux dos qui se courbent le mieux ;
  Tandis qu'en France,
   Ah ! quelle différence !...

Pour en finir, disons bien vite
Que leur fisc est fort exigeant,
Que leurs banquiers ne font faillite
Que lorsqu'ils regorgent d'argent ;
Qu'un noble ne sait leur apprendre
A quoi le *de* peut lui servir,
Que pourtant tout bourgeois veut prendre
Un petit *de* pour s'anoblir ;
  Tandis qu'en France,
   Ah ! quelle différence !...

Rarement un Chinois approuve
Les actes de l'autorité,
Ah ! combien de Chinois on trouve
Dans notre pauvre humanité !
Rions de tous ces ridicules
Poussés parfois jusqu'à l'excès,
Car, sans le moindre des scrupules,

Nous pouvons tous, en vrais français
   Chanter: en France,
   Ah! quelle différence !

L'HOMME RAISONNABLE.

J'ai perdu mon dernier cheveu
Dans ma guerre avec la sagesse,
Je veux me corriger un peu
Avant qu'arrive la vieillesse.
Mes soixante printemps ont lui ;
Malgré mon cœur trop inflammable,
Je me range et dès aujourd'hui
Je veux devenir raisonnable.

J'ai, je le crois, trop abusé
Des vains plaisirs de cette terre,
Mon pauvre palais s'est usé
A savourer la bonne chère.
La gourmandise a son danger,
Evitons les excès de table ;
Et puis... je ne peux plus manger...
Je veux devenir raisonnable.

Hier encore, mes amis
Me laissaient puiser à leur bourse,
C'en est trop, je me suis promis
De négliger cette ressource.
Non, je ne veux plus emprunter ;
C'est une conduite coupable...
On ne veut plus rien me prêter...
Je veux devenir raisonnable.

J'ai de tout temps, avec vigueur,
Chassé dans les bois de Cythère,
Mais en dépit de mon ardeur,
Mon allure n'est plus légère.
Faisons un vertueux effort :
Fuyons un gibier trop aimable,
Hélas! mon pauvre cœur est mort..
Je veux devenir raisonnable.

Ainsi chantait un vieux garçon ;
L'en blâmerai-je ? Dieu m'en garde !
Il nous apprend que la raison
De l'impuissance est l'avant-garde.

Tant que je pourrai boire, aimer,
J'enverrai la sagesse au diable ;
Quand le temps viendra me calmer,
Alors... je serai raisonnable.

LES PETITS MAUX.

Des petits maux dont il se rit
L'homme jamais ne se guérit,
Quelque remède l'on prescrive ;
Ils ne sont pas fort dangereux,
Mais il lui faut vivre avec eux
Jusqu'à ce que la mort s'ensuive !

La fortune a ses tours de main :
Riche aujourd'hui, pauvre demain,
De l'homme c'est l'alternative :
La bêtise est sans guérison,
On reste bête, assure-t-on,
Jusqu'à ce que la mort s'ensuive !

Soyez inconstant, rien de mieux,
Plus l'amour est capricieux,

Et plus sa flamme devient vive ;
Si l'amant se change en mari,
Le pauvre homme est bientôt marri
Jusqu'à ce que la mort s'ensuive !

On démolit, comme on le fait,
Un fonctionnaire, un préfet ;
Toujours il est sur le qui-vive ;
Inamovible est un cocu,
Il l'est, soyez-en convaincu,
Jusqu'à ce que la mort s'ensuive.

Comme une entorse, bien souvent,
Sans qu'on sache au juste comment,
La décoration arrive ;
La première aux soins peut céder,
L'autre, hélas, il faut la garder
Jusqu'à ce que la mort s'ensuive !

On peut se moquer d'un savant
Ou censurer un bon vivant,
Cette critique est fugitive ;

Mais au cagot si vous tournez,
C'en est fait, on vous rit au nez
Jusqu'à ce que la mort s'ensuive !

Si la folie et la gaîté
Sont des maux, j'ai fort bien porté
Cette existence maladive ;
La sagesse a beau me traiter,
Incurable je dois rester
Jusqu'à ce que la mort s'ensuive.

MES YEUX.

Amis, si ma vue est mauvaise,
De grâce, ne me plaignez pas,
De mauvais yeux mettent à l'aise
Pour voir les choses d'ici-bas.
Un esprit ardent, mais docile,
Eclaire tout d'un jour heureux,
Jamais peintre ne fut habile,
Comme le sont mes mauvais yeux.

L'esprit rarement se repose,
Il embellit tous les portraits :
L'encre devient couleur de rose,
La laideur même a des attraits ;
Une rousse me paraît blonde,
Un fripon probe et vertueux ;
Ah ! que d'honnêtes gens au monde
On voit avec de mauvais yeux !

Ma pauvre vue est bien notoire,
Mais, ce qui me fâche surtout,
C'est qu'on ne veut pas toujours croire
Que je vois mal, ou pas du tout ;
Même la coquette, hors d'âge,
Qui cherche encore un amoureux,
Quand je vante son frais visage,
Ne croit pas à mes mauvais yeux.

Un soir, chez Rose ma maîtresse,
J'arrive, mais un peu trop tôt,
Je vois un Monsieur qui s'empresse
De s'esquiver sans dire un mot ;
Je laisse éclater ma colère ;
Rose me dit : « Quoi ! malheureux,
Tu n'as pas reconnu... mon frère! »
Quel malheur que de mauvais yeux !

Voyez encor quelle méprise !
Je dépose un baiser brûlant
Sur les épaules de Louise,
Qui le reçoit en rougissant ;
Rose me voit et me querelle ;

Pardon, dis-je d'un air piteux,
Pour toi, j'ai pris Mademoiselle,...
N'accuse que mes mauvais yeux.

J'ai commis plus d'une bévue,
En voulant à tort prodiguer
Mes coups de chapeau dans la rue,
Même un jour, je crus saluer
D'un notaire la noble tête,
Le port grave et majestueux ;
C'était un coiffeur en retraite !...
Qu'il pardonne à mes mauvais yeux !

Quand de vieux vin s'emplit ma coupe,
Quand je suis près de vous, amis,
Je vois s'enfuir la noire troupe
Des maux, des chagrins, des soucis :
En vain éclate le tonnerre,
En vain l'éclair hache les cieux,
Je ne vois que vous et mon verre,
Ah ! pour ceux-là, j'ai de bons yeux.

JE ME CONVERTIS.

Je jeûne depuis mon enfance,
Pour être un jour canonisé ;
Mais je le crains, pour l'abstinence
Mon corps est mal organisé !
A notre époque, on s'accommode
D'un nouveau genre de plaisir,
La mode est de se convertir,
Pourquoi ne pas suivre la mode ?
Aux gais principes, mes amis,
    Ma foi, tant pis,
Décidément, oui, je me convertis.

Se convertir, c'est fort louable ;
Mon confesseur m'a souvent dit
Qu'il est toujours bien profitable
De retourner un vieil habit ;
J'ai peur du diable, et, quand on prêche,

D'effroi mon cœur est abattu ;
Cherchons ailleurs si la vertu
Aurait un abord moins revêche.
Aux gais principes, mes amis,
    Ma foi, tant pis,
Décidément, oui, je me convertis.

Pour que des cieux la porte s'ouvre,
S'il faut, quand je suis ici-bas,
Que d'un cilice je me couvre,
S'il faut, pour hâter mon trépas,
Meurtrir mon corps à coups de ronce,
Me lamenter soir et matin,
Boire de l'eau, parler latin,
A devenir saint je renonce.
Aux gais principes, mes amis,
    Ma foi, tant pis,
Décidément, oui, je me convertis.

Jusqu'alors, faisant mon carême,
J'admirais les ultramontains,
La foi me faisait trouver même
Un air honnête aux sacristains.

Mais depuis que j'entends en chaire,
Des pasteurs, un peu trop dévots,
Du massacre des Huguenots
Vouloir fêter l'anniversaire,
Aux gais principes, mes amis,
 Ma foi, tant pis,
Décidément, oui, je me convertis.

J'ai pour les reliques sacrées,
Professé la plus grande foi ;
Aussi, des âmes éclairées
Mon confesseur me dit le roi !
Pourtant si l'on veut que j'admire
Le reliquaire de Charroux,
Et que je me jette à genoux,
Devant... ce que je n'ose dire,
Aux gais principes, mes amis,
 Ma foi, tant pis,
Décidément, oui, je me convertis.

A mes sens toujours en orage,
En vain je livre cent combats ;
A ma façon, je deviens sage,

Car d'un tel métier je suis las ;
Quand le dégoût et l'impuissance
M'auront sevré de doux plaisirs,
J'aurai, pour charmer mes loisirs,
Le temps de faire pénitence.
Aux gais principes, mes amis,
  Ma foi, tant pis,
Décidément, oui, je me convertis.

Au diable le fouet, la cellule !
Non, le Seigneur, dans sa bonté,
N'exigea rien de ridicule
De la chétive humanité ;
L'amour et le vin qu'il nous donne
Aux élans du cœur n'ôtent rien,
On peut rire en faisant du bien,
Et le rire adoucit l'aumône.
Aux gais principes, mes amis,
  Ma foi, tant pis,
Décidément, oui, je me convertis.

UN PÈRE AU DÉSESPOIR.

Mon vieil ami, ma pauvre âme est meurtrie,
    Je vais vous conter ma douleur :
De père en fils, je fais l'épicerie,
    Dieu m'accordait un successeur.
Ce successeur, c'était mon fils Elphége,
    Il ne veut plus être épicier
    Depuis qu'on l'a fait bachelier ;
Envoyez donc vos enfants au collége !
    — Il faisait vraiment peine à voir,
    Ce pauvre père au désespoir.

Moi, qui croyais lui donner la science
    De vendre cher et sans crédit !...
Des professeurs, trompant ma confiance,
    En ont fait un homme érudit !
Grec et latin troublent sa pauvre tête,
    Son esprit court je ne sais où,

Mon pauvre enfant deviendra fou,
Ne dit-on pas qu'il est déjà poëte !
— Il faisait vraiment peine à voir,
Ce pauvre père au désespoir.

Le croiriez-vous ? Il fume le cigare !
Le quinquet seul chez moi fumait ;
Et, quand sa sœur apprenait la guitare,
C'est un piano qu'il lui fallait ;
Loin de m'aider à servir la pratique,
Monsieur compose un opéra,
C'est à l'hôpital qu'il mourra,
N'est-ce pas là que conduit la musique !...
— Il faisait vraiment peine à voir,
Ce pauvre père au désespoir.

Quand je prétends qu'il est à ne rien faire,
Il me montre ses encriers,
En me disant : mon vénérable père,
C'est là que germent mes lauriers...
Soir et matin, tout son temps, il le passe
A griffonner d'affreux romans,

Que des sots proclament charmants ;
Il ferait mieux d'épaissir ma mélasse !...
— Il faisait vraiment peine à voir,
Ce pauvre père au désespoir.

Tous les journaux ont la monomanie
De prétendre qu'Elphège est bien
Le plus brillant des hommes de génie,
Lui, qui ne sait le prix de rien !
Mais qu'ai-je lu ?... voilà qu'on le décore !..
Enfant ingrat d'un épicier,
Il est indigne du métier,
Qu'il soit maudit, lui qui me déshonore !...
— Il faisait vraiment peine à voir,
Ce pauvre père au désespoir.

LES LIMES.

Soir et matin, l'été, l'hiver,
Sans jamais craindre qu'il s'enrhume,
Le forgeron, sur son enclume,
Avec ardeur frappe son fer.
Quand, sorti de sa main calleuse,
Le métal peut se refroidir;
C'est à la lime de polir
Son enveloppe rabotteuse.
Tâchons d'adoucir nos travers,
Car Dieu, ce forgeron sublime,
Pour les cœurs, comme pour les fers,
Près d'un vice a mis une lime.

De vos parents, jeunes garçons,
Vous êtes l'idole encensée ;
Placés plus tard dans un lycée,
Vous recevrez bien des leçons.

Vos caprices et vos colères
N'auront pas grand écho là-bas!
Les étrangers ne souffrent pas
Ce que savent souffrir vos mères.
Tâchons d'adoucir nos travers,
Car Dieu, ce forgeron sublime,
Pour les cœurs, comme pour les fers,
Près d'un vice a mis une lime.

Jeunes gens aux cœurs orageux,
Aux passions impétueuses,
De vos ardeurs tumultueuses
Voulez-vous éteindre les feux ?
Epousez fille bien dressée,
Dans six mois vous vous guérirez ;
Car l'hymen c'est, vous le verrez,
Une infaillible panacée.
Tâchons d'adoucir nos travers,
Car Dieu, ce forgeron sublime,
Pour les cœurs, comme pour les fers,
Près d'un vice a mis une lime.

Le monde est, j'en dois convenir,
D'une exigence sans égale ;
Il nomme franchise brutale
L'art naïf de ne pas mentir ;
Quoique rare, cette manie
Vous semblerait-elle un défaut ?
Pour vous en corriger, il faut...
Apprendre la diplomatie.
Tâchons d'adoucir nos travers,
Car Dieu, ce forgeron sublime,
Pour les cœurs, comme pour les fers,
Près d'un vice a mis une lime.

Votre pouvoir, autorités,
Le respect forcé qu'il inspire,
Vous font supposer qu'on admire
Vos personnelles qualités ;
Ce qui trouble ainsi votre tête,
C'est l'auréole mauvais teint,
Qui toujours s'obscurcit, s'éteint,
Quand vient la mise à la retraite.
Tâchons d'adoucir nos travers,
Car Dieu, ce forgeron sublime,
Pour les cœurs, comme pour les fers,
Près d'un vice a mis une lime.

Egoïstes !... vous vivez tous
Insouciants des maux du monde,
Et quand le bonheur vous inonde,
Tout semble rose autour de vous.
Il faut redouter ce bien-être,
Souvent il nous fait oublier
Que lorsque l'on rit au foyer,
Le malheur frappe à la fenêtre.
Tâchons d'adoucir nos travers,
Car Dieu, ce forgeron sublime,
Pour les cœurs, comme pour les fers,
Près d'un vice a mis une lime.

LA CAGE

Deux beaux captifs ailés dans une étroite cage,
Tout en me gazouillant leurs chants capricieux,
Faisaient avec ardeur un nid bien gracieux ;
Pauvres petits, disais-je, être si loin des cieux,
Et songer à l'amour dans ce triste esclavage !
—Ami, me dit l'un d'eux, pourquoi nous plaindre ainsi,
Pour toi les jours d'ennui sont pour nous jours de fêtes ;
Si le soleil jamais ne brille sur nos têtes
Nous ne redoutons pas la foudre et les tempêtes,
Et nous vivons heureux, sans tourment ni souci.
   Laisse nous dans la cage
   Avec la paix du cœur ;
   Celui-là c'est un sage,
   Qui sait croire au bonheur.

Sais-tu, pauvre petit, que ta chère couvée,
Esclave périra sous ces barreaux légers ?

Depuis longtemps mes fils, sous des cieux étrangers
Vont cherchant la fortune à travers les dangers
Et je les reverrai dès qu'ils l'auront trouvée. —
L'oiseau dit : mes enfants heureux de mon amour,
N'auront qu'un seul désir, c'est de chanter sans cesse ;
Toujours ils recevront les soins de ma tendresse,
Toujours ils seront là pour charmer ma vieillesse ;
Les tiens ont pris leur vol, reviendront-ils un jour ?

   Laisse nous dans la cage
   Avec la paix du cœur ;
   Celui-là c'est un sage,
   Qui sait croire au bonheur.

N'as-tu pas quelquefois, en agitant tes ailes,
Désiré traverser et l'espace et les mers ?
Et tes yeux n'ont-ils pas versé des pleurs amers
Quand ton bec impuissant voulait briser ces fers
Qui sont, pauvre reclus, tes chaînes éternelles ?
— Toi-même, dit l'oiseau, n'es-tu pas en prison,
Et de la liberté n'as-tu pas tout à craindre ?
Le feu de tes désirs, que rien ne peut éteindre,
Te fait voir un espace où tu ne peux atteindre,
Le monde est trop étroit pour ton ambition.

Laisse-nous dans la cage
Avec la paix du cœur;
Celui-là c'est un sage,
Qui sait croire au bonheur.

Pour toi, pauvre petit, sans couleur est la vie,
Dans ton calme stérile et tes fades loisirs.
Vivre, c'est éprouver l'obstacle et les désirs,
La joie et les tourments, la peine et les plaisirs,
Pour nous de l'imprévu chaque aurore est suivie.
— Tais-toi, pauvre insensé, chantèrent les oiseaux,
Il est mille poisons près d'une douce essence,
Chacun de tes désirs éveille une souffrance,
Que de déceptions étouffent l'espérance !
Et pour un seul plaisir que souffres-tu de maux ?
  Laisse nous dans la cage
  Avec la paix du cœur;
  Celui-là c'est un sage,
  Qui sait croire au bonheur.

LE DIABLE ABDIQUE.

—

Dans ma bourse un soir regardant
Je crois y découvrir le diable ;
Il a l'air triste et cependant
Son sourire est toujours aimable.
— Messire Satan, pourquoi donc
Déserter ainsi ta boutique ?
En soupirant il me répond :
— Je n'y puis plus tenir... J'abdique !

Quand Jehovah, dit Lucifer,
Me fit sa mauvaise querelle
Pour siége il m'assigna l'enfer,
Création toute nouvelle ;
Mais à ses commis il laissa
Le soin d'ordonner la brûlure ;
Ma fonction dès ce jour-là
Ne fut plus une sinécure.

A tout propos ils m'envoyaient
De spirituels hérétiques ;
Poètes, auteurs, qui croyaient
A Dieu, mais pas à leurs reliques.
Ravi de leur charmante humeur
Je leur fis l'enfer agréable,
Et tous disaient : Merci seigneur,
D'avoir fait un aussi bon diable.

Mais cela devait prendre fin ;
Dieu vit en consultant ses notes
Que son paradis n'était plein
Que de chantres et de dévotes.
Je comprends, dit-il, que l'ennui
Dans mon empire soit extrême ;
Aussi j'entends, dès aujourd'hui,
Faire ma justice moi-même.

Mon supplice alors commença !
Mes bons hôtes déménagèrent,
Et mon domaine se peupla
De tartufes qui le troublèrent.
Je pus comprendre clairement

Qu'en me donnant de tels apôtres
Dieu songeait à mon châtiment
Beaucoup plus qu'à celui des autres.

Dans mon enfer ainsi gâté
Par tant de frocs et de lévites,
Je n'étais plus en sûreté,
Mes suppôts se faisaient Jésuites.
C'est au point que de mes démons
L'hypocrisie était sans bornes,
Ils m'accablaient de leurs sermons
Et bénissaient jusqu'à mes cornes !

Avec de pareils abonnés
L'enfer était intolérable ;
On riait de voir les damnés
Bien plus vicieux que le diable.
Alors j'ai fui !... car sûrement
Ces gens, si je les laissais faire,
Mettraient Proserpine au couvent
Et mes enfants au séminaire.

LE DOCTEUR CHAMPAGNE

Un soir Cupidon s'endormit
Fiévreux, taciturne et maussade ;
Sa mère, en le berçant, frémit !...
Chacun disait l'amour malade.
On vit pâlir à ces rumeurs
Les plus chastes des immortelles,
Diane et Minerve étaient en pleurs,
Junon s'évanouit près d'elles.

Sans ranimer le dieu charmant,
Psyché dévoilait tous ses charmes,
Et des trois Grâces vainement
Sur ses lèvres tombaient les larmes.
Vénus s'écria : « Par Minos,
A qui le sauvera, je jure
De donner la clé de Paphos
Et d'y dénouer ma ceinture. »

Or, Bacchus toujours obligeant
Dit à la reine de Cythère :
Dans ce flacon coiffé d'argent
J'ai l'antidote salutaire.
Partout son mérite est prouvé,
Partout le succès l'accompagne ;
Ce remède, je l'ai trouvé
Sur les coteaux de la Champagne.

Ses résultats sont merveilleux ;
Il entraîne, charme, électrise ;
Il rend le courage aux peureux,
Aux diplomates la franchise.
Il donne de l'esprit aux sots,
Aux poètes un gai délire ;
Aux magistrats quelques bons mots,
Et même aux Anglais un sourire.

Quand ils boivent ce jus doré,
L'or paraît en rêve aux artistes ;
Au convoi d'un oncle adoré,
Ses chers neveux sont bien moins tristes.

Lorsqu'un vieux perclus entreprend
De réduire fille sévère,
L'un attaque et l'autre se rend
Presque toujours au second verre.

Cupidon but... mais s'éveilla
D'une façon trop énergique ;
Car le vieux Jupin sourcilla
Disant : quelle mouche le pique ?
Malgré leur gravité, les dieux
Avec malignité sourirent ;
Junon mit la main sur ses yeux ;
En riant les Grâces s'enfuirent.

Bacchus veut garder son secret,
Et les Dieux jurent de se taire ;
Mais au ciel on est indiscret,
La recette arrive à la terre.
Dès ce jour la mauvaise humeur,
L'impuissance, la maladie
Ont le Champagne pour docteur.
Et son berceau pour pharmacie.

L'UNIFORME DU VIEUX GRENADIER.

L'Empereur vient, on prend les armes,
Sortons nos habits d'autrefois ;
Je veux, souvenirs pleins de charmes,
Vous porter encore une fois.
Pour le grand congé, je m'en doute,
Je vais partir... je suis si vieux !
Que vienne ma feuille de route,
Je vous aurai fait mes adieux.

Vieil habit bleu, noble ruine,
Nous avons vu plus d'un danger,
Reviens encor sur la poitrine
Que souvent tu dus protéger.
On va rire de la blessure
Que te fit l'arme d'un hulan
Mais j'ai vu cette déchirure
Recousue avec un ruban.

Mon vieux bonnet, mon plumet rouge,
Quand sous le feu de l'ennemi
On criait : que pas un ne bouge !...
Ni vous, ni moi n'avons frémi.
Sur de lointains champs de bataille,
De vous si j'ai perdu moitié,
Qu'on la réclame à la mitraille
Qui nous mutilait sans pitié.

Vieux souliers, pauvres invalides,
J'ai laissé votre dernier clou
En Italie, aux pyramides,
Et vos semelles à Moscou.
Elles sont là-bas, ces semelles
Qui nous frayaient tant de succès !
L'étranger fuyait avec celles
Qui souillèrent le sol français.

Je tremble, mon vieil uniforme,
Ici de te voir incompris,
J'ai peur que ton étrange forme
Ne provoque quelque mépris...
Moi trembler... pourras-tu le croire ?

Tu le sais, quand battait mon cœur,
C'est lorsqu'on sonnait la victoire,
Aux cris de : vive l'Empereur !

Il sortit... s'arma de courage
Croyant braver des ris moqueurs,
Mais nos soldats, sur son passage,
Emus, lui rendaient les honneurs.
Elle sait, notre jeune armée,
Que ces glorieux oripeaux,
Par l'histoire et la renommée,
Sont devenus de vrais drapeaux.

MON ACTE DE CONTRITION.

Je vieillis et, je le sens bien,
 Il est temps que je songe
A vivre, en honnête chrétien,
 Des jours que Dieu prolonge ;
Je vais confesser mes péchés,
Jusqu'à présent si bien cachés,
 Car le remords me ronge !
Pour mes péchés j'ai telle horreur,
 Que, comme pénitence,
Dussé-je en mourir de douleur,
Faites, mon Dieu, que je les recommence !

Qu'il est loin ce gai paradis,
 Que je regrette encore,
Où j'apprenais deux fois cinq dix
 D'un nommé Pythagore.
Maîtres, dont je riais toujours,

Accordez à mes mauvais tours
   Le pardon que j'implore.
Pour mes péchés j'ai telle horreur,
   Que, comme pénitence,
Dussé-je en mourir de douleur,
Faites, mon Dieu, que je les recommence!

A vingt ans, j'étais amoureux
   De toutes les fillettes,
Un jupon court, de beaux grands yeux.
   Voilà les allumettes
Qui m'ont souvent incendié.
Dieu juste et bon prenez pitié
   Des fautes que j'ai faites.
Pour mes péchés j'ai telle horreur,
   Que, comme pénitence,
Dussé-je en mourir de douleur,
Faites, mon Dieu, que je les recommence!

Je fus assez volage époux,
   Un buveur intrépide,
Fuyant, pour rire avec les fous,
   La sagesse insipide;

Gourmet, joueur, épicurien,
Frondant tout, ne croyant à rien,
  Qu'au plaisir trop rapide.
Pour mes péchés j'ai telle horreur,
  Que, comme pénitence,
Dussé-je en mourir de douleur,
Faites, mon Dieu, que je les recommence !

Est-ce un regret, est-ce un remords
  Que j'éprouve à cette heure ?
Serait-ce de mes sens bien morts
  Le trépas que je pleure ?
Je serais bien moins soucieux,
Si le ciel exauçait mes vœux
  Avant que je ne meure.
Pour mes péchés j'ai telle horreur,
  Que, comme pénitence,
Dussé-je en mourir de douleur,
Faites, mon Dieu, que je les recommence !

LA MONTRE

Depuis bientôt quatre-vingts ans
Je porte, sans l'avoir usée,
La montre que mes bons parents
M'ont donnée en prix au lycée.
Cette merveille n'a jamais
Trahi le temps d'une seconde ;
Pourtant que de fois je trouvais
Sa course lente ou vagabonde.

La montre, selon nos désirs,
A des allures incertaines :
Trop rapides dans nos plaisirs,
Beaucoup trop lentes dans nos peines;
Un Bréguet, prodige de l'art,
N'échappe point à l'exigence,
Pour les uns il est en retard,
Lorsque pour d'autres il avance.

A tous mes rendez-vous d'amour
D'être second je n'avais garde ;
C'est pour le soir.... Et tout le jour
Je crois que ma montre retarde.
Me fallait-il le lendemain
Me lever pour la conférence,
Pour suivre un cours de droit romain,
Dormons encor !... Ma montre avance.

Quand je puis porter des secours
Aux malheureux d'une mansarde,
Avant l'heure, empressé j'accours,
Pour mon cœur, ma montre retarde !
Si je ne dois pas oublier
De quelque billet l'échéance,
Quand sonne l'heure de payer,
Pour ma bourse, ma montre avance.

Il faut s'exiler de Paris !
Adieu plaisir, insouciance !
Quoi ! sitôt quitter mes amis,
Décidément ma montre avance.

Mais quand je songe au doux baiser
Qu'au retour ma mère me garde,
Je suis bien tenté de briser
L'affreuse montre qui retarde.

Aujourd'hui que mon cœur est vieux
Ma montre semble mieux réglée ;
Par ses élans capricieux,
Son aiguille n'est plus troublée.
Malgré mes quatre-vingt-dix ans,
Pour moi si douce est l'existence
Que quelquefois je me surprends,
A dire encore qu'elle avance.

LE BOUCHER PHILANTHROPE

Je suis boucher, depuis trente ans j'exerce,
Et je puis dire à tous avec fierté,
Que j'ai toujours dans mon heureux commerce
En philanthrope aidé l'humanité.

Je sais prévoir les besoins des pratiques
Mon esprit vole au-devant de leurs vœux ;
M'arrive-t-il des roués politiques,
Sans hésiter j'offre de l'entre-deux.

Vieux séducteur à la tête blanchie
Sur un tendron tes yeux sont en arrêt ;
Pour satisfaire une amoureuse envie,
Pauvre impuissant, achète du jarret.

Chanteur sans voix, ton embarras m'attriste ;
Tes doigts en vain fouillent dans ton gilet :
Rassure-toi, je comprends un artiste,
A long crédit, je te cède un filet.

Jeune écrivain, pour ta pièce nouvelle
Je veux t'aider, et je te fais présent
D'un peu de nerf, de beaucoup de cervelle,
Je n'en vends guère aux auteurs d'à présent.

Vous qui fuyez un poète et ses livres
Et de l'esprit méprisez les travers,
De ce mouton prenez deux ou trois livres,
Il est en prose, on n'y voit pas de vers.

Pour ton théâtre, accepte cette queue,
Cher directeur, s'il n'en a plus du tout
C'est par ta faute, au lieu de Barbe-Bleue,
Tu fais jouer des œuvres de bon goût.

A ruiner le pauvre tu travailles,

Vil usurier ! Il te doit tous ses maux !
Je veux gratis te donner des entrailles,
On te suppose à peine des boyaux.

Venez, Madame, et sans autre harangue
Votre air dévot m'indique, je le vois,
Ce qu'il vous faut... C'est une bonne langue,
J'ai votre affaire, usez-en quelquefois.

Que voulez-vous, étique Caroline,
Votre maigreur éloigne votre amant ;
Pour le fixer, prenez de la poitrine,
Côte couverte avec de l'agrément.

Et toi, tartufe, effronté saltimbanque !
Que cherches-tu !... serait-ce un peu de cœur !
Prends-en beaucoup, c'est là ce qui te manque,
Laisse mon fiel, car le tien est meilleur.

Cherchez ailleurs, séduisantes lorettes,
A mon étal rien ne peut vous charmer;

Je ne tiens pas ce qui vous plait, coquettes,
Dans ma boutique on n'a rien à plumer.

A mon débit, je mets enfin des bornes,
Depuis hier tout mon fonds est vendu.
De mon bétail je n'ai plus que les cornes
J'en offre en vain... Chacun en est pourvu.

MON CHIEN.

De moi peut-être allez-vous rire
  M'accabler de dédain !
Mon chagrin je n'ose le dire
  Et mon cœur en est plein !
J'ai perdu mon ami fidèle,
  Mon chien que j'aimais tant
Et ma douleur vive et cruelle
  Aucun ne la comprend !
  On me redit sans cesse :
  D'un chien pleurer la mort
  C'est par trop de faiblesse !
  C'est vrai... j'ai tort...
  Comprend-on ma tristesse ?

Ses volontés, c'étaient les miennes,
  Obéissant, soumis ;
Et mes affections les siennes,

Il flattait mes amis.
Quand j'étais triste, il était sombre,
Me suivait soucieux ;
D'un sourire voyait-il l'ombre,
Il s'élançait joyeux.
On me redit sans cesse :
D'un chien pleurer la mort,
C'est par trop de faiblesse !
C'est vrai !... j'ai tort...
Pourquoi donc ma tristesse !

Victime d'injustes rudesses,
L'innocent châtié
A la moindre de mes caresses
Avait tout oublié.
Il avait une force immense
Egale à sa douceur ;
Jamais la haine et la vengeance
N'ont pu toucher son cœur.
On me redit sans cesse :
D'un chien pleurer la mort,
C'est par trop de faiblesse
C'est vrai... j'ai tort !
Excusez ma tristesse,

Que j'admirais sa patience
    Quand mes petits enfants
Sur son dos, malgré ma défense,
    Chevauchaient triomphants !
Et si la troupe turbulente
    Courait quelque danger,
Lui, sentinelle vigilante,
    Savait la protéger !
    On me redit sans cesse :
    D'un chien pleurer la mort,
C'est par trop de faiblesse !
    C'est vrai !... j'ai tort !
Pitié pour ma tristesse.

Un chasseur imprudent le frappe,
    A son cri déchirant
J'accours !... Mais tout son sang s'échappe !
    Je l'emporte en pleurant.
Ses yeux éteints semblent me dire :
    Qu'ils me sont doux tes soins
Merci, maître !... Puis il expire
    En me léchant les mains !
    On me redit sans cesse :
    D'un chien pleurer la mort,

C'est par trop de faiblesse !
C'est vrai !... j'ai tort !
Riez de ma tristesse.

UN BAPTÊME CHEZ LES FRANCS-MAÇONS.

  Chère voisine écoutez-moi,
  Je suis encor tout en émoi.
  Hier, mon cousin Nicodême
  M'a conduite voir un baptême
  Dans la loge des Francs-Maçons ;
  Quelles scandaleuses leçons !
Non, ce n'est pas dans nos saintes églises
Qu'en baptisant on voit de pareilles sottises.

  Le croiriez-vous, ces mécréants
  Ne baptisent pas les enfants
  S'ils n'ont point encore atteint l'âge
  Auquel on comprend le langage
  Du bon sens et de la raison,
  Dieu, que c'est bête un Franc-Maçon !
Non, ce n'est pas dans nos saintes églises
Qu'en baptisant on fait de pareilles sottises.

Ils disent à ces malheureux ;
« Enfants, n'ouvrez jamais les yeux
Que pour voir les douces images
Qui, rendant vertueux et sages,
Forment un cœur honnête et bon. »
Dieu, que c'est bête un Franc-Maçon !
Non, ce n'est pas dans nos saintes églises
Qu'en baptisant on dit de pareilles sottises.

« Que vos oreilles, chers enfants,
Se ferment aux propos méchants ;
Que de vos bouches, même en songe,
Ne sortent jamais un mensonge
Un mot de haine ou trahison. »
Dieu, que c'est bête un Franc-Maçon !
Non, ce n'est pas dans nos saintes églises
Qu'en baptisant on dit de pareilles sottises.

« Que vos pieds aujourd'hui, demain,
Suivent toujours le droit chemin ;
Que vos mains s'ouvrant à vos frères,
Les soulagent dans leurs misères ;
Charité, c'est notre blason. »

Dieu, que c'est bête un Franc-Maçon !
Non, ce n'est pas dans nos saintes églises
Qu'en baptisant on dit de pareilles sottises.

Et pour comble d'impiété,
Ils leur prêchent la liberté,
L'amour de tous, la tolérance,
L'oubli des torts, la bienfaisance,
Puis enfin, mille horreurs sans nom.
Dieu, que c'est bête un Franc-Maçon !
Non, ce n'est pas dans nos saintes églises
Qu'en baptisant on dit de pareilles sottises.

REGARDER AUTOUR DE SOI.

Ami, pour moi bien lourde est l'existence,
    Car le malheur me suit partout ;
Pour moi, partout déception, souffrance,
    Et je prends la vie en dégoût.
— Ami, voyons, conte-moi tes misères,
    Je te prouverai, c'est certain,
Que tous tes maux, près de ceux du prochain,
    Ne sont que peines bien légères ;
    On est moins malheureux, crois-moi,
    Quand on regarde autour de soi.

— Ecoute-moi, nous n'avons qu'une fille,
    Avec elle se perd mon nom,
Et pour garder le blason de famille,
    En vain je désire un garçon.
— Mon pauvre ami, de ton voisin Montrose
    Trouverais-tu le sort bien doux ?

Treize garçons!... bien qu'on dise entre nous
    Qu'il n'en est pas tout à fait cause.
  On est moins malheureux, crois-moi,
    Quand on regarde autour de soi.

— Ecoute-moi : toujours sans récompense
    J'ai rempli de nombreux emplois ;
On pouvait bien, ma femme aussi le pense,
    Tout au moins m'accorder la croix.
— Ta femme était bien en cour, mais folâtre ;
    Ami, chacun eut murmuré
Ce qu'on a dit pour Dandin décoré :
    Son ruban rouge est bien jaunâtre !
  On est moins malheureux, crois-moi,
    Quand on regarde autour de soi.

— Ce qui m'échauffe et la bile et la tête,
    Je suis discret, tu le sais bien,
C'est qu'on prétend que je dois être bête
    Puisque jamais je ne dis rien.
— Ami, c'est être un peu trop susceptible,
    Ce doute est presque un compliment.
Ecoute Arthur, aussitôt qu'on l'entend,

Le doute, hélas ! n'est plus possible.
On est moins malheureux, crois-moi,
Quand on regarde autour de soi.

— Ce n'est pas tout... malgré de maints orages,
Ma femme et moi vivions d'accord,
Nous commencions le plus doux des ménages!...
Elle meurt, je maudis le sort !
— Ta douleur est étrange, sur mon âme,
Cher ami, n'est pas veuf qui veut,
C'est ce que dit en soupirant Mathieu,
N'a-t-il pas encore sa femme !
On est moins malheureux, crois-moi,
Quand on regarde autour de soi.

ON PEUT EN RIRE.

—

Ne frondez pas, censeurs,
Les dogmes qu'on professe ;
Riez des professeurs
Mais non de la sagesse.
Narguez sur tous les tons
Les courtiers en doctrine ;
Riez des marmitons
Mais pas de la cuisine.

Nous avons souvent ri
De ces bons empiriques,
Qui n'ont d'autre souci
Que l'or de leurs pratiques.
Armés de parchemins
Ils exploitent leur mine ;
Rions des médecins
Non de la médecine.

Défendra-t-on jamais
A la muse joyeuse
De chercher au Palais
Quelque robe crasseuse,
Cachant sous son rabat
D'un Dandin le complice ?
Rions de l'avocat
Mais non de la justice.

Si je dois vous montrer
D'un abus les exemples,
Laissez-moi pénétrer
Jusqu'au milieu des temples.
Là je rencontrerai
Des marchands d'indulgences,
D'eux je m'amuserai
Non des saintes croyances.

Trop souvent on confond
Le principe et l'apôtre ;
L'un est vaste et profond,
Bien prosaïque est l'autre !
Dans l'univers entier,

Autre effet, même cause ;
Sacerdoce, métier,
Autre mot... même chose.

LES VIEUX CHIFFONS.

Rien ne se perd dans la nature,
Tout meurt, mais retrouve un emploi ;
Les vieux chiffons, je vous le jure,
Bien mieux qu'autre chose en font foi ;
Les papillottes de Clémence,
De rentes une inscription,
Le certificat d'indigence
Sont enfants du même chiffon.

Le vieux mendiant qui se lasse
De nous duper soir et matin,
Expire en laissant sa besace,
Dont on fait un papier vélin ;
Respectant son premier usage
Malgré sa transformation,
Un mendiant de haut étage
En fait une pétition.

Ami Paillasse ! tes défroques
Qu'on exhume d'un vieux grenier,
S'en vont par mille et mille loques,
Sous les hachoirs d'un papetier ;
Ris de leur changement magique,
Car tu verras tes oripeaux
Servir demain la politique
De tes confrères les journaux.

Que fait ce notaire à l'ouvrage,
Griffonnant tous ces papiers blancs ?
C'est un contrat de mariage
Qui doit enchaîner deux amants ;
Ah ! les chaînes seront bien mises,
Car ce papier peut-être est né
D'un vieux tapis de cour d'assises
Ou des haillons d'un condamné.

Gracieux petit papier rose,
Confident de plus d'un secret,
Sur ton satin souvent se pose
Un baiser furtif et discret.
Pour servir d'aussi doux mystères,

D'où viens-tu ? Quels sont tes aïeux ?
Les linges séchant les ulcères
D'un invalide ou d'un lépreux !

Nous pouvons crier au miracle,
En voyant le génie humain
Faire une affiche de spectacle
Des caleçons d'un capucin.
De la guimpe de la nonnette
Et des atours de la beauté,
Faire.... mais ici je m'arrête
Dans la crainte d'être arrêté.

JEUNE ET VIEILLE.

Pour me garer de la détresse,
Je prends femme de cinquante ans ;
Mais je conserve ma maîtresse ;
Rose a des yeux si séduisants !
Comment faire pour aimer celle
Dont la fortune me sauvait,
Je n'en sais rien; Rose est si belle !
Ah ! si la vieille le savait !

Ma femme est jalouse et dévote,
Ajoutez à ces qualités,
Qu'elle exige souvent la note
Des écus qu'elle m'a comptés !
Quand mon passif est incurable,
Mon budget parfois se refait
Quand vers minuit je suis aimable...
Ah ! si la jeune le savait !

Chez Rose, nous faisons bombance,
Les plus fous sont les mieux notés ;
Chez ma femme on fait abstinence,
Et l'ennui nait de tous côtés.
L'argent que celle-ci destine
A quelques revendeurs d'*Ave*
Chez Rose, passe en crinoline !
Ah ! si la vieille le savait !

Quand mon demi-siècle soupire,
S'il faut l'aimer tant bien que mal,
Le portrait de Rose m'inspire
Un tendre devoir conjugal.
Je fais l'époux en conscience,
Ma femme me trouve parfait,
Surtout lorsque je recommence !
Ah ! si la jeune le savait !

La soubrette de mon amie
Me dit un jour en soupirant :
Entrez, ma maîtresse est sortie,
Nous causerons en l'attendant,
J'entre, je l'embrasse et je cause

De choses qui se devinaient...
J'oublie alors ma femme et Rose!
Ah! si toutes deux le savaient!

QUI SAIT ?

Quand viendra mon heure dernière,
    Je me suis promis
De choquer encore le verre
    De mes bons amis.
Elle sonne... débouchons vite
    Mes plus vieux flacons
    Et tous espérons
Qu'on se revoit, si l'on se quitte.
    Qui sait si là-bas
    Nous ne boirons pas ?

Mes amis, autour de ma table,
    Qu'un refrain charmant
Rende le trépas supportable
    A l'agonisant.
Votre gaité, pleine de charmes,
    Fait naître l'espoir

D'un prochain revoir
Amis, rions, et pas de larmes ;
Qui sait si là-bas
Nous ne rirons pas ?

Viens près de moi, ma douce amie,
Et que tes printemps
Redisent encore la vie
A mes cheveux blancs ;
Tu m'as donné beauté, jeunesse,
Tu m'aimes toujours ;
Disons aux amours
De chasser chagrin et tristesse,
Qui sait si là-bas
Nous n'aimerons pas ?

La douce et charmante croyance
D'un monde éternel
Est la consolante espérance
Du faible mortel.
Je ne suis pas sûr de renaître
Mais loin d'en gémir

Je veux m'endormir
Bercé par l'émouvant Peut-Etre!
Qui sait si là-bas
Nous ne vivrons pas?

———

CE QU'ON N'A PAS... CE QU'ON N'A PLUS !

Chacun désire en cette vie
L'or, les honneurs ! Quels embarras !
Il est un seul bien que j'envie,
La sagesse... et je ne l'ai pas.
Je suis bien fou, je le confesse,
Mais ma folie est au surplus
Un doux reflet de ma jeunesse,
De ce trésor que je n'ai plus.

Un pédant veut de la science
Nous dévoiler tous les appas ;
Je crois, en bonne conscience,
Qu'il parle de ce qu'il n'a pas.
Quant aux vôtres, vieilles coquettes,
Tours et coton sont superflus ;
Pour faire encore des conquêtes,
Il faut ce que vous n'avez plus.

Pourquoi donc charmante fillette,
Pousser des soupirs, des hélas ?
Ah ! je comprends... Toujours seulette,
Tu voudrais ce que tu n'as pas.
Prends garde qu'un amant volage
Ne délivre un charmant reclus,
On entre fort mal en ménage
En promettant ce qu'on n'a plus.

Pour soulager une misère
Et faire un heureux ici-bas,
Il faudrait, çà me désespère,
Il faudrait... ce que je n'ai pas.
Pour éteindre flamme amoureuse,
Mon cœur et mes sens sont perclus,
Pour faire ici-bas une heureuse
Il faudrait... ce que je n'ai plus.

On nous prêche que l'existence
Seulement commence au trépas ;
Pour admettre cette croyance
Il faut la foi que je n'ai pas.

J'aime mieux, chantant à la ronde,
Rire et fronder tous les abus,
Sauf à pleurer dans l'autre monde
Des plaisirs que je n'aurai plus.

Mes amis, de ma pauvre muse,
Vous avez vu les premiers pas :
Elle vieillit, hélas ! tout s'use
Hors le talent que je n'ai pas.
Pardonnez à sa décadence
Des refrains par trop vermoulus !...
Encore un peu de patience,
Bientôt je ne chanterai plus.

UN HOMME DANGEREUX

Ou les renseignements officiels.

—

Bien le bonjour, Monsieur le Commissaire,
  Quoi donc vous amène céans ?
Voici le fait : je viens, Monsieur le Maire,
  Chercher quelques renseignements
  Sur votre administré Timante
  Qui, m'assure-t-on, se présente
  A la prochaine élection ;
  Qu'en pensez-vous et qu'en dit-on ?
En conscience, il faut bien vous le dire,
  Il a des principes affreux,
Et, de son Maire il ose même rire !
  C'est un homme bien dangereux,
    Fort dangereux,.
    Très-dangereux !

— Mais permettez : on dit, Monsieur le Maire,
Qu'il vit honnête et sans remords ;
— Laissez-moi donc, Monsieur le Commissaire,
Je crois qu'il a le diable au corps ;
Ne s'est-il pas mis en cervelle
D'avoir une ferme modèle,
Et pour nous perdre, c'est bien clair,
Il voudrait un chemin de fer.
En conscience, il faut bien vous le dire,
Il a des principes affreux,
Et, de son Maire, il ose même rire,
C'est un homme bien dangereux,
Fort dangereux,
Très-dangereux !

— Mais permettez : on dit, Monsieur le Maire,
Qu'il n'a pas beaucoup d'ennemis ;
— Cela se peut, Monsieur le Commissaire,
Il a même quelques amis ;
Mais quels amis !... des réalistes,
Des poëtes, des journalistes,
Et dans leur nombre nous comptons
Plus de moitié de Francs-Maçons !

En conscience, il faut bien vous le dire,
  Il a des principes affreux,
Et, de son Maire, il ose même rire,
  C'est un homme bien dangereux,
    Fort dangereux,
    Très-dangereux !

— Mais, permettez : on dit, Monsieur le Maire,
  Qu'il élève bien ses enfants.
— C'est une erreur, Monsieur le Commissaire,
  Ses enfants sont des mécréants !
  L'aîné de ses fils a l'étoffe
  Du plus satané philosophe,
  Il lit le Siècle jour et nuit,
  Et de nous et du Pape il rit !
En conscience, il faut bien vous le dire,
  Il a des principes affreux,
Et, de son Maire, il ose même rire,
  C'est un homme bien dangereux,
    Fort dangereux,
    Très-dangereux !

— Mais permettez : on dit, Monsieur le Maire,
    Qu'il est humain et généreux.
— N'en croyez rien, Monsieur le Commissaire,
    S'il vient en aide aux malheureux,
    Criminelle est sa bienfaisance,
    Car il soulage l'indigence
    Des Juifs, des Turcs et des Païens
    Tout comme s'ils étaient Chrétiens !
En conscience, il faut bien vous le dire,
    Il a des principes affreux,
Et, de son Maire, il ose même rire,
    C'est un homme bien dangereux,
      Fort dangereux,
      Très-dangereux !

— Vous m'effrayez ! voyons, Monsieur le Maire,
    De vos griefs est-ce là tout ?
— Scandale affreux ! Monsieur le Commissaire,
    Ce n'est jamais que le quinze août
    Qu'on le voit paraître à la messe ;
    Je ne sais trop s'il se confesse,
    Mais il n'observe, on me l'a dit,
    Ni quatre-temps, ni vendredi !

Vous le voyez et je dois vous le dire,
Il a des principes affreux,
Et, de son Maire, il ose même rire,
C'est un homme bien dangereux,
Fort dangereux,
Très-dangereux!

LE PÈRE SANS-FAÇON.

Dans un village de la Meuse
Jadis un bon homme vivait,
Le cœur ouvert, l'humeur joyeuse,
C'est *Sans-Façon* qu'on le nommait.
Sitôt qu'il voyait apparaître
Du soleil le premier rayon,
Vite il courait à sa fenêtre
Puis à tous montrait... Sans-Façon.

Il buvait gaîment dix bouteilles,
Fredonnait du soir au matin,
Aux enfants contait des merveilles,
Aux pédants crachait du latin.
On dit aussi qu'à la fillette
Il préférait un vieux flacon,
Et que du Beaune à la piquette
Il ne passait pas... Sans-Façon.

Aux riches il laissait entendre
Qu'un bon cœur vaut mieux que de l'or,
Aux pauvres il faisait comprendre
Que le travail est un trésor.
Il croyait vrais tous les spectacles
Et même en un savant sermon
Lui préchait-on de gros miracles,
Il acceptait tout... Sans-Façon.

Il fut heureux dans son ménage,
On l'entourait de soins charmants,
Car sa femme dans le village
Avait, dit-on, quelques amants.
Et lorsque de sa ménagère
Il déclarait un rejeton,
Il disait en riant au Maire :
Voici le père... Sans-Façon.

Hélas! un soir le pauvre diable
Perdit sa soif et sa gaîté,
La mort vint le surprendre à table
Entre la dinde et le pâté !

Ce fut un grand deuil au village,
Enfant, vieillard, fille, garçon,
Au défunt rendirent hommage
Et tous pleurèrent... Sans-Façon.

LES MENDIANTS.

Notre loi défend qu'on mendie,
Elle est bien sage en vérité;
Mais, hélas ! cette maladie
Echappe à sa sévérité :
Elle poursuit la pauvre mère
Qui demande un morceau de pain,
Sans voir le denier de saint Pierre,
Nous tendre effrontément la main.
 C'est chose bien connue,
 On l'a dit de tout temps,
 Que tous les mendiants
 Ne sont pas dans la rue.

La mendicité sait se faire
Des décors et des attributs,
C'est en haillons que, d'ordinaire,
Elle nous apparait le plus ;

Mais, comédienne émérite,
Avec quelle adresse elle prend
L'habit de cour, ou la lévite,
S'il lui faut exploiter en grand !
 C'est chose bien connue;
 On l'a dit de tout temps,
 Que tous les mendiants
 Ne sont pas dans la rue.

De nos grands sots, l'orgueil superbe,
Si souvent leur unique bien,
Disparaît devant le proverbe :
Qui ne demande rien n'a rien...
A la porte d'un ministère,
On a vu mille et mille fois
De nobles dos, jusques à terre,
Se baisser pour quelques emplois.
 C'est chose bien connue,
 On l'a dit de tout temps,
 Que tous les mendiants
 Ne sont pas dans la rue.

Il peut arriver qu'à l'office
On s'expose à rêver tout haut,
Mais, bientôt, quêteur et son suisse
Vont vous réveiller en sursaut ;
On peut dormir aux jours de fête,
Et même ronfler au sermon ;
Mais, sommeiller pendant la quête !...
N'est-ce pas l'œuvre du démon ?
    C'est chose bien connue,
    On l'a dit de tout temps,
    Que tous les mendiants
    Ne sont pas dans la rue.

Encor faut-il que l'on ne dorme
Que jusqu'à moitié du discours ;
C'est la fin seule qui nous forme
Aux grandes vertus de nos jours ;
Car l'éloquence de la chaire
Ainsi se résume au saint lieu :
Donnez, donnez au séminaire ;
Donner beaucoup, c'est prier Dieu.
    C'est chose bien connue
    On l'a dit de tout temps,

Que tous les mendiants
Ne sont pas dans la rue.

De saint Vincent les tirelires
Auraient-elles besoin d'argent ?
Vite, habits noirs et cachemires
Par la ville vont quêtinant ;
Au pauvre lui-même on s'adresse :
C'est un prêt qu'on remboursera
En oremus, ou bien en messe
Aussi basse qu'on le voudra.
   C'est chose bien connue,
   On l'a dit de tout temps,
   Que tous les mendiants
   Ne sont pas dans la rue.

Combien de gens ont pris pour texte :
« Centralisons la charité ! » —
Et vont mendier sous prétexte
D'éteindre la mendicité ;
Leur nom, leur rang, sans aucun doute
Ont remplacé le pistolet

Qui jadis, sur la grande route,
Disait : L'aumône, s'il vous plaît !...
  C'est chose bien connue,
  On l'a dit de tout temps,
  Que tous les mendiants
  Ne sont pas dans la rue.

AIMER ET BOIRE.

Amis, aimons,
N'est-ce pas Dieu qui nous l'ordonne?
Amis, buvons
Les vins que sa bonté nous donne.
Fi! d'un rêveur
Philosophe par impuissance !
Pour moi pas de science,
Sans vin, sans cœur !

Ici-bas il existe
Plus d'un fol utopiste,
Devenu moraliste
Ne pouvant faire plus ;
Le pauvre homme, je gage,
Serait beaucoup moins sage,
S'il eût gardé l'usage

Des sens qu'il a perdus.
Laissons à la vieillesse
Les austères sermons,
Au diable les leçons
De la froide sagesse !
Amis, aimons,
N'est-ce pas Dieu qui nous l'ordonne ?
Amis, buvons
Les vins que sa bonté nous donne ;
Fi ! d'un rêveur
Philosophe par impuissance !
Pour moi, pas de science
Sans vin, sans cœur.

L'or est souvent la cause
D'un air sombre et morose,
Moi, je vois tout en rose ;
Je ne possède rien
Qu'un heureux caractère,
Par lequel sur la terre
J'aime, je bois, j'espère,
Sans souci d'autre bien.
La richesse importune

M'a toujours délaissé,
Quand je saute un fossé,
En l'air est ma fortune.
Amis, aimons !
N'est-ce pas Dieu qui nous l'ordonne ?
Amis, buvons
Les vins que sa bonté nous donne.
Fi ! d'un rêveur
Philosophe par impuissance !
Pour moi, pas de science
Sans vin, sans cœur.

Que la mélancolie
Vienne assombrir ma vie,
Vite de la folie
J'agite les grelots ;
De cette enchanteresse
La voix qui me caresse
Transforme en allégresse
Mes soupirs, mes sanglots.
Que m'importe qu'on dise
Que je suis sage ou non !
Boire, c'est ma raison,

Aimer, c'est ma devise.
Amis, aimons !
N'est-ce pas Dieu qui nous l'ordonne ?
Amis, buvons
Les vins que sa bonté nous donne ;
Fi ! d'un rêveur,
Philosophe par impuissance !
Pour moi, pas de science,
Sans vin, sans cœur.

TOUT EST BIEN.

Il est heureux qu'en cette vie
Chaque médaille ait son revers ;
Car l'âge d'or, cette utopie,
Serait l'ennui de l'univers.
Les plaisirs manqueraient de charmes
S'ils ne redoutaient la douleur,
Et sans les chagrins et les larmes
La gaieté serait sans couleur.

Pourquoi donc craindre un jour néfaste ?
Il est voisin d'un jour heureux ;
Et celui-ci, grâce au contraste,
Cesse de paraître ennuyeux.
Moitié de notre pauvre espèce
A l'autre sert d'ombre au tableau :
Sans la pauvreté, la richesse
Ne serait plus qu'un lourd fardeau.

Si les sots, ici-bas, fourmillent,
C'est dans un but tout généreux ;
Car, c'est par eux que souvent brillent
Des gens d'un esprit fort douteux ;
Dieu fait au mieux ce qu'il veut faire,
Le mal fait ressortir le bien,
Et la probité qu'on révère,
Sans les fripons, ne serait rien.

Supprimez un peu les malades,
Et vous verrez les médecins
Accabler de jérémiades
Le Père Éternel et ses saints.
Craignons alors que, dans leur rage,
Par respect pour la Faculté,
Et pour se donner de l'ouvrage,
Ils ne guérissent la santé.

Du monde effacez la misère,
Et vous tuez la charité ;
Redoutez alors la colère
De plus d'un tartufe irrité.

Ces gens là ne font les aumônes
Qu'après avoir tendu la main,
Se tressant ainsi des couronnes
Avec l'argent de leur prochain.

Dans ce monde, les pires choses
Ont leur rôle d'utilité;
Les chardons font briller les roses,
L'ombre fait valoir la clarté.
Amis, voici notre partage :
Aimons, rions, Dieu l'a voulu.
Il faut bien des fous pour qu'un sage
Paraisse avoir quelque vertu.

LES DEUX JUMEAUX.

Dans un coin de la Provence
Deux frères jumeaux vivaient,
Et, dès leur plus tendre enfance,
L'un pour l'autre se prenaient,
Telle était leur ressemblance.
— C'est pourtant bien malheureux,
Quand on n'est qu'un... d'être deux.

Vous en douterez peut-être ;
Mais écoutez, s'il vous plait :
Un jour, on vit apparaître
Quelqu'un disant au valet :
Je veux parler à ton maître.
— Monsieur, c'est bien malheureux,
Ici, mon maître... sont deux.

Je ne sais de qui tu parles,
Mais celui que je veux voir,
Autrefois habitait Arles,
Il se grisait chaque soir
Et son prénom était Charles.
— Monsieur, c'est bien malheureux,
On les nomme ainsi tous deux.

C'est vraiment inconcevable !...
Le mien est boiteux et brun,
Il se tient fort bien à table,
Il a l'air un peu commun,
Mais, du reste, fort bon diable.
— Monsieur, c'est bien malheureux,
Ils sont ainsi tous les deux.

Ton refrain m'impatiente !
En vain j'ai fait son portrait,
Faut-il encor que je tente
D'esquisser un nouveau trait ?
Il a pris femme charmante.
— Monsieur, c'est bien malheureux,
Ils sont mariés tous deux.

Je veux, le diable m'emporte !
Mettre les points sur les i,
Et parler de telle sorte
Qu'on le reconnaisse ici :
J'en suis bien sûr... il en porte ;
— Monsieur, c'est bien malheureux,
On dit qu'ils le sont tous deux.

Insolent ! tu m'interprètes
En valet impertinent,
Tu songes à des sornettes,
Quand je disais simplement :
Il en porte... des lunettes.
— Alors, ce n'est aucun d'eux,
Ils ont de bons yeux tous deux.

LA FÊTE DES MORTS.

Par une nuit, seul, sur la grande route,
 J'errais à l'heure de l'effroi ;
De tous côtés, j'entends du bruit, j'écoute :
 C'était le funèbre beffroi !
Pourquoi, si tard, faire envoler ta plainte,
 Cloche aux doux et tristes accords ?
Son dernier glas, comme une voix éteinte,
 M'a dit : c'est la fête des morts!

Oui, c'est demain que le funèbre asile
 Verra ses pieux visiteurs ;
Que des genoux embrasseront l'argile,
 Que l'herbe recevra des pleurs.
Dans ce lieu saint, les âmes inquiètes
 En vain ne cherchent point de ports,
Où, d'ici-bas, s'éteignent les tempêtes !
 Prions, c'est la fête des morts!... .

De nos regrets, fête touchante et chère,
 Viens raviver les souvenirs;
Dans leur cercueil, l'ami, l'enfant, la mère,
 Tressailliront à nos soupirs;
Car ils verront, de leur couche suprême,
 Couler ces larmes sans remords
Que Dieu créa pour pleurer ceux qu'on aime.
 Prions, c'est la fête des morts!

Noble orgueilleux! baisse ton front superbe
 Dans ce champ de l'égalité;
Viens avec nous t'agenouiller dans l'herbe
 Et gémir sur l'humanité;
De ces grands noms qu'on lira sur vos tombes,
 De ces titres, de ces trésors,
Que reste-t-il, si demain tu succombes!...
 Prions, c'est la fête des morts!

Ces tertres verts, où s'agite une pelle,
 S'entr'ouvriront demain pour nous;
Seule, ici-bas, la mort est immortelle,
 Et tout doit tomber sous ses coups.

Pendant que Dieu nous laisse sur la terre,
 Faisons au moins quelques efforts,
Pour qu'un ami vienne, sur notre bière,
 Pleurer à la fête des morts!

SAINT COME ET SAINT DAMIEN.

Un nombre considérable
De chrétiens de bonne foi
Se d'mandent en vain pourquoi
On voit une queue au diable ?
J'vas vous expliquer comment
Il jouit d' cet ornement.

Autrefois, en Arabie,
Vivait un vieux médecin,
Qui, pour n'pas rater l'prochain,
T'nait encor la pharmacie !
On n'résistait pas beaucoup
A cette arme à double coup.

Il tirait de fortes sommes
De l'un et l'autre métier,

Car, privilég' singulier,
Même à l'époque où nous sommes,
Les mémoires d' ces états
Sentent l'arabe à vingt pas.

Il était seul catholique
Dans ce pays tout païen,
Et c' qui le désolait bien,
C'était que chaque pratique
Filait droit chez le démon,
Faute d'extrême onction.

Cet honnête apothicaire
Avait deux charmants garçons :
Côme et Damien v'là leurs noms ;
Il les r'prit du séminaire,
Pour qu'ils puiss'nt administrer
Les malad's qu'il d'vait curer.

Mais Satan qu' n'est pas un' brute,
Dit : « Voilà-z-un médecin,
Qui m'ôtera l' pain d' la main,

Si son projet s'exécute ;
Faut qu' j'empêche c't enragé
De s'occuper d' mon budget.

J' vas entrer à son service
Comme élève pharmacien ;
J' prendrais l'air doux et serein
Qui convient à cet office ;
Que j' m'emporte, si maint'nant
Il voit un malad' seul'ment !

Le scélérat tint parole ;
On n' vit plus un seul client,
Et la saignée et l' chiendent
N' rapportèr'nt plus une obole ;
Le vieux n'y comprenant rien,
Consulta Côme et Damien.

Mes enfants, croyez votr' père,
Y est quelqu' chòs' là-dessous :
A nous trois unissons-nous

Pour deviner ce mystère ;
D'puis qu' mon élève est ici,
Nous n' faisons pas pour l' bouilli !

Papa, dit l' futur saint Côme,
M'est avis que votr' garçon
N'est qu'un fichu polisson,
Ou l' diable habillé-z-en homme !
Afin de bien le juger,
Je m'en vas l'interroger.

Côme lui dit : jeune élève,
Sans vous offenser en rien,
Vous m' fait's l'effet d'un vaurien
Et que le diable m'enlève
Si vous n'avez pas tout l'air
D'un employé d' Lucifer !

Allons, t'nez-vous donc tranquille ;
Mettez-vous sur votr' séant,
Et répondez-moi franch'ment :

Que pensez-vous d'l'Evangile ?
L'élèv' lui dit : mon cadet,
Causons d'autr' chos' s'il vous plait.

Pas du tout, j'veux qu'on réponde :
Avouez-vous que l' soleil
N'a pas souvent son pareil,
Et qu' c'est Dieu qui fit le monde ?
— S'il l'a fait, assurément
C'est un garçon de talent !

— Pour gagner des indulgences
Croyez-vous qu'il soit urgent
D'observer dévotement
Les jeûnes, les abstinences ?
— En fait d' femmes, dit l' païen,
Les jeunes j'observe bien.

— Vous r'connaitrez, je le gage,
Que nous sommes les portraits
Du bon Dieu qui nous a faits

Et créés à son image ?
— S'il te r'ssemble, mon fifi,
Le bon Dieu n'est pas joli.

Impertinent que vous êtes,
Dit Côme tout furieux,
N'est-c' pas pour charmer nos yeux
Qu' Dieu fit étoil's et planètes ?
— Ça s'voit bien, dit Lucifer,
Quand le temps n'est pas couvert.

Pour ton âme je frisonne,
Songe donc à ton salut,
Car de tous côtés, vois-tu,
Le trépas nous environne !
— Ça n'a rien d' bien étonnant
Y a tant d' médecins à présent !

En entendant ce blasphème,
Les deux frères à la fois
Firent un tel sign' de croix,

Que Satan, dev'nant tout blême,
Cabriola d' si grands sauts
Qu'il bouscula les bocaux !

Damien lui dit : T'es le diable !
Et tu viens de te trahir ;
Côme, pour nous divertir,
Je crois qu'il est convenable
De flanquer à c' garnement
D'eau bénite un lavement.

Voyant l'instrument d' supplice
De son côté s' diriger
Satan, pour fuir le danger,
S'asseoit sur son orifice,
En disant : j' veux qu' subito
Il m' pousse un' queue illico.

Côme avec terreur distingue
La queue, et l' pauvre Damien
Laisse échapper bel et bien

L'eau bénite et la seringue,
Tant fut grand son étonn'ment
D' voir ce paralavement !

Pour n' pas être pris en traître,
Le diable, en homme prudent,
Retrouss' sa queu' par devant
Et file par la fenêtre ;
Mais il a si peur d' l'outil,
Qu'il ne passe que d' profil.

Depuis ce jour l'officine
Reprit ses vieux errements,
D'autant plus qu' les deux enfants
Firent si bien d' la méd'cine,
Qu'ils eur'nt un' prime d'honneur
Qu' leur décerna l' fossoyeur.

Ils renvoyaient d' cette terre
Tant de défunts préparés,
Confessés, administrés,

Que, parfois, le bon saint Pierre
Marmottait entre ses dents :
Comm' ça roule d'puis quelqu'temps !

Tout en admirant leur zèle
L' bon Dieu s'dit : ces gaillards-là
Peuplent trop fort mon état !
Faut qu'à moi je les rappelle,
S'ils continuaient ainsi,
Je manquerais d' place ici !

Leur conduite est bien louable,
Dit l' Seigneur en souriant,
Faut s' montrer reconnaissant,
Ils ont fait la queue au diable !
C' que j' peux faire d' moins coûteux
C'est d' les nommer bienheureux.

Cher Pierre il faut leur écrire
C' que j' veux, à condition
Qu' jamais ils n'exerceront

Leur métier dans mon empire,
Pour n' pas effrayer mes saints,
N' leur dis pas qu'ils sont méd'cins ! —

Cette offre avait tant de charmes,
Que tous les deux ont promis
Qu'une fois au ciel admis,
Ils déposeraient les armes,
Maint'nant on peut sans danger
Vers les cieux se diriger.

Le but de cette nouvelle
Est de prouver clairement,
Qu'outre la queue à Satan,
L'âme doit être immortelle,
Puisqu'au pays des élus,
Les méd'cins n'exercent plus.

L'ALLIAGE.

On sait que le gouvernement
Un beau matin, croyant bien faire,
Apportait un grand changement
A son système monétaire.
Il eut raison, car de nos jours
Ce qu'on recherche davantage,
Sont les objets ayant toujours
Moins de valeur que d'alliage.

Un courtisan comme Sully
Du maître excitait la colère,
Celui d'aujourd'hui, plus poli,
Se garde bien d'être sincère.
Du chat il prend l'air caressant
Et du Tartufe le langage,
Il rampe, on le trouve charmant !
Qu'en dirait-on sans l'alliage ?

La coquette de quarante ans,
Chauve, édentée et sans tournure,
Sait où trouver de belles dents,
Une ondoyante chevelure ;
Sa crinoline a de l'ampleur,
Bien meublé paraît son corsage,
Ce qui séduit un amateur,
Sans contredit, c'est l'alliage.

Qui devinerait l'épicier
Et son caractère placide,
Quand, sous le casque du pompier,
Il prend l'air belliqueux d'Alcide ;
Il commande, et sa grosse voix
Fait presque croire à du courage,
Ce qu'on admire en ce bourgeois,
Dites, n'est-ce pas l'alliage ?

On dit spirituel l'auteur
Qui d'About vole mainte phrase,
On dit éloquent l'orateur
Dès qu'il abuse de l'emphase,
On dit intelligent un sot

Quand du monde il a quelque usage ;
Que de gens seraient, en un mot,
Peu de chose sans l'alliage.

DE LA LUNE.

Un grand Génie, en traversant l'espace,
Vit, dans la lune, un enfant qui cherchait
Sur notre globe à découvrir la trace
Du merveilleux qu'un brouillard lui cachait :
— « Que de beautés ! mon âme en est ravie !
J'admire enfin ce splendide Paris !...
— « Mon jeune ami, c'est un nid de fourmis,
  Regarde mieux, dit le Génie ;
  Tes pauvres yeux sont en défaut,
  Mais, à de pareilles distances,
  Légères sont les différences
  Quand on regarde de si haut.

— Ah ! je le vois cet opéra magique,
Ce grand spectacle où s'enivrent les sens !
Les doux parfums !... la suave musique !...
Qu'ils sont jolis ces minois agaçants !

— Mon jeune ami, passe-moi ta lunette,
Regardons mieux ce que tu me dis là...
J'en étais sûr ! ce n'est pas l'opéra,
 C'est Notre-Dame-de-Lorette.
  Tes pauvres yeux sont en défaut ;
  Mais, à de pareilles distances,
  Légères sont les différences,
  Quand on regarde de si haut.

— N'est-ce pas là cette auguste assemblée
Où la sagesse élabore les lois ?
Par un orage elle semble troublée,
N'entends-tu pas ce tumulte de voix ?
— Mon jeune ami, tu fais, sur ma parole,
Sans le vouloir, de grossières erreurs ;
Ce que tu prends pour des législateurs,
 Sont des enfants dans une école.
  Tes pauvres yeux sont en défaut,
  Mais, à de pareilles distances,
  Légères sont les différences,
  Quand on regarde de si haut.

— On m'a parlé des maîtres de la terre,
Des souverains à qui tout obéit ;
J'en distingue un... quel air noble et sévère !
Qu'il semble heureux, le peuple qu'il conduit !
— Mon jeune ami, ce peuple qui folâtre
Est un troupeau, le sceptre est un bâton,
Le diadème un bonnet de coton,
 Le potentat un humble pâtre.
 Tes pauvres yeux sont en défaut,
 Mais, à de pareilles distances,
 Légères sont les différences,
 Quand on regarde de si haut.

— Les voilà donc ces milices altières,
Qui font, d'effroi, pâlir leurs ennemis !
Quels fiers héros ! quelles mines guerrières !
Tout, devant eux, doit se montrer soumis !
— Mon jeune ami, l'armée est sans rivale,
Mais, j'en ai peur, ton admiration
N'a pour objet qu'un simple bataillon
 D'une garde nationale.
 Tes pauvres yeux sont en défaut,
 Mais, à de pareilles distances,

Légères sont les différences,
Quand on regarde de si haut.

— Mon bon Génie, il faut que je renonce
A contempler ce chétif univers :
Je cherche un cèdre et je trouve une ronce,
Je cherche un homme et ne vois que des vers.
Pourtant, quel est ce géant qui se dresse,
Superbe et grand comme l'immensité !
C'est la vertu !.. — Mais non, en vérité,
C'est l'orgueil de l'humaine espèce.
Tes pauvres yeux sont en défaut,
Mais, à de pareilles distances,
Légères sont les différences,
Quand on regarde de si haut

LES DÉSESPOIRS D'UN PHOTOGRAPHE.

Dans un atelier de Paris,
 Ayant pour épigraphe :
« Portraits ressemblants garantis, »
 J'entends le photographe
S'écrier : il faut convenir
Que je ne puis pas y tenir ;
 Plus j'arrive à bien faire,
  Moins je parviens à plaire !
— Bon Dieu ! quel métier désolant !
  Dit l'artiste
  D'un air triste ;
Bon Dieu ! quel métier désolant !
Pourtant, je fais si ressemblant !

Une seconde après, entrait
 Une jeune lorette ;

Elle demande son portrait,
L'épreuve est bientôt faite.
— Monsieur, pourquoi cet œil mutin ?
Pourquoi cet air si libertin ?
Reprenez votre ouvrage,
Ce n'est pas mon visage. »
— Bon Dieu ! quel métier désolant !
Dit l'artiste
D'un air triste.
Bon Dieu ! quel métier désolant !
Pourtant, c'était si ressemblant !

A l'instant même, on introduit
Un anglais diplomate,
Mais dès qu'il se voit reproduit,
De colère il éclate :
— « Vos clichés sont pleins de défauts,
Ils me font l'air sournois et faux !
Ce n'est pas ma figure,
Ce n'est pas ma tournure ! »
— Bon Dieu ! quel métier désolant !
Dit l'artiste
D'un air triste.

Bon Dieu ! quel métier désolant !
Pourtant, c'était si ressemblant !

D'une Laïs, le pauvre époux
   Contemple son image ;
Son nez long et ses airs jaloux
   Sont frappants, il enrage,
Et s'écrie, en montrant le poing :
« Mais je suis jaune comme un coing
   A mon front, cette bosse
   Est une injure atroce. »
— Bon Dieu ! quel métier désolant !
     Dit l'artiste
     D'un air triste.
Bon Dieu ! quel métier désolant !
Pourtant, c'était si ressemblant !

Malgré l'avis de son miroir
   Une vieille coquette,
Aux cheveux gris, mais teints en noir,
   Se met sur la sellette....
—Voyez, Madame..— « Ah ! quelle horreur !

Mais je suis laide à faire peur ;
- Non, je n'ai pas ces rides,
Ni ces teintes livides ! »
— Bon Dieu ! quel métier désolant !
 Dit l'artiste
 D'un air triste.
Bon Dieu ! quel métier désolant !
Pourtant, c'était si ressemblant !

Notre photographe en fureur
 Allait fermer boutique,
Lorsque se présente un auteur,
 Poète romantique :
— Monsieur, dit-il à celui-ci,
Je crois vous avoir réussi ?
 — « Non pas, dit le poète,
 Voyez-donc quel air bête !... »
— Bon Dieu ! quel métier désolant !
 Dit l'artiste
 D'un air triste
Bon Dieu, quel métier désolant,
Pourtant c'était si ressemblant !

Que le diable soit du métier!...
    Désormais, je le jure,
Je renonce à mon atelier,
    Je fais de la peinture;
Un pinceau qui n'est pas brutal
Sait donner l'air décent, loyal,
    Et transforme en bergères
    De hideuses mégères.
Pour ne pas déplaire au client,
    Dit l'artiste
    Bien moins triste,
Un peintre ayant quelque talent
Ne le fait pas trop ressemblant.

LES RONGEURS.

—

Quel mince trésor que la vie !
    Et pourtant chaque humain
A tout propos le sacrifie
    Et le prodigue en vain.
Heureux du présent qui l'enivre,
    Sans redouter le sort,
Comme s'il craignait de trop vivre
L'homme a su se créer un livre
    Dont la fin est sa mort.

C'est le sablier implacable
    Qui s'enfuit grain par grain,
Nous émiettant avec son sable
    Le plaisir, le chagrin.
Et quand la mesure est comblée
    Qui de nous se dira :

Dans quels cieux s'est-elle envolée
La minute vite écoulée
    Que nul ne reverra ?

C'est la montre aux fatales heures
    Répétant sans pitié :
Tu le vois, il faut que tu meures !
    A qui l'eût oublié ?
Et l'homme est fait de telle sorte
    Que courant au tombeau,
Sans effroi sur son cœur il porte
Le bourreau qui sans cesse emporte
    De ses jours un lambeau.

C'est le calendrier funeste
    Qu'on ose consulter,
Et qu'on effeuille tant qu'il reste
    Un seul jour à compter.
Après chaque aurore on détache
    Le feuillet émouvant,
Jamais un regret ne s'attache
A cette page qu'on arrache
    Pour la jeter au vent.

Je laisse à d'autres la science
  Qui dissèque les ans !
La mienne, c'est l'insouciance,
  Que m'importe le temps !
Ma clepsydre à moi, c'est mon verre,
  Ma montre, le désir,
Et je garde au joyeux trouvère
Le feuillet qui me dit : Espère
  Encore le plaisir.

MON CONVOI.

J'avais rêvé, pendant la nuit dernière,
    Que j'assistais à mon convoi ;
Et j'attendais, souriant dans ma bière,
    Qu'on daignât s'occuper de moi ;
Je comptais bien voir mon panégyrique
    Sortir des lèvres de chacun,
Mais, quelle erreur ! on parle du Mexique,
    Et pas un seul mot du défunt !
        Je donnais tout au diable,
        Pendant que le curé
        D'une voix lamentable,
        Disait : *Miserere,*
            Miserere.

Auprès de moi, j'entendais ma maîtresse
    Pousser un long gémissement ;
Si j'avais pu douter de sa tendresse,

J'en serais bien sûr à présent :
— « Bon, généreux et naïf, disait-elle,
Ah ! qui donc le remplacera !...
Quoi qu'on pût dire, il me croyait fidèle,
On ne fait plus ces types-là !... »
Je la donnais au diable,
Pendant que le curé,
D'une voix lamentable,
Disait : *Miserere,*
Miserere.

Mon cher neveu, pendant ma maladie,
Me répétait fondant en pleurs :
— « Sans toi, mon oncle, ah ! trop lourde est la vie,
Et je veux mourir, si tu meurs ! »
J'entends, malgré la douleur qui l'oppresse,
Ce pauvre enfant dire éploré :
« Il était temps, car le peu qu'il me laisse,
Le vieux gredin l'eût dévoré !...
Je le donnais au diable,
Pendant que le curé,
D'une voix lamentable,
Disait : *Miserere,*
Miserere.

De ma musique et de ma poésie,
J'étais l'unique admirateur ;
Mais, je suis mort, morte est la jalousie,
On va me faire un grand auteur !
— « Pauvre garçon ! dit mon intime Auguste,
Comme lui, ses vers sont perclus ;
Si seulement il avait chanté juste,
Mais il est mort, n'en parlons plus !
Je le donnais au diable,
Pendant que le curé,
D'une voix lamentable,
Disait : *Miserere,*
Miserere.

Qu'ai-je entendu ?... Mais, c'est une louange ;
On parle de moi, c'est certain ;
Ecoutons bien... ah ! quelle chose étrange !
C'est le timbre du sacristain.
Il marmottait : « Ce client-là peut dire
Que de l'embarras il me sort,
Je n'avais plus rien dans ma tirelire,
A propos le brave homme est mort ! »
Je le donnais au diable,
Pendant que le curé

D'une voix lamentable,
Disait : *Miserere,*
Miserere.

Il faut mourir pour acquérir la gloire,
Les poètes l'ont dit souvent ;
Fi de l'essai !... Je commence à le croire,
Mieux vaut être obscur, mais vivant.
Au diable donc ami, neveu, maîtresse
Et sot orgueil du chansonnier !
Vivons gaiment, et, si rien je ne laisse,
Je permets à mon héritier
De me donner au diable,
Pendant que le curé,
D'une voix lamentable,
Dira : *Miserere,*
Miserere.

LE CREDO DES HOMMES

On est pour moi fort injuste,
Et chacun m'accuse à tort
D'avoir la foi peu robuste,
Croire à tout, voilà mon fort.
Je crois qu'Eve, notre mère
Fut fidèle au père Adam,
Surtout s'il est évident
Qu'ils étaient seuls sur la terre.

J'ai foi dans les écritures,
Je crois tout ce qu'on y lit,
Je crois jusqu'aux aventures
De la fameuse Judith.
Nos Judiths des temps modernes
N'égorgent plus leurs amants
Mais traitent de temps en temps
Leurs moitiés en Holophernes.

A la pudique Suzanne
Je crois, mais en me disant :
Sa vertu, pour un profane
N'a rien de bien surprenant.
Car un instant je suppose
Qu'au lieu de deux vieux barbons
Elle ait vu deux beaux garçons,
Eût-ce été la même chose ?

Je crois qu'en femme obligeante,
Madame Abraham donnait
Une soubrette charmante
A son époux qui l'aimait.
De nos jours, beaucoup moins tièdes
Sur la santé des maris,
Nos femmes, même à Paris,
Leur donnent plutôt des aides.

Un beau jour Dieu se fit homme
Notre curé me l'a dit ;
Bien qu'il n'explique pas comme,
Je le crois, cela suffit.

Plus d'un mari, sur mon âme,
Sans passer pour mécréant,
Admettrait plus aisément
Que le diable s'est fait femme.

LE MONDE ET VINGT ANS.

J'ai cinquante ans, je cours à la vieillesse,
Mon front se ride et blancs sont mes cheveux ;
Ah ! quand je songe à ma pauvre jeunesse,
Je sens courir des larmes dans mes yeux !
Timidité, compagne du jeune âge,
Oui, tu m'as fait perdre de beaux instants ;
Il n'est plus temps d'en profiter, j'enrage !...
Dans un salon qu'on est sot à vingt ans !

Dans ces salons que peuple le grand monde,
J'étais tout fier de me trouver admis :
Mes yeux naïfs admiraient à la ronde
Tant de splendeurs, tant de riches habits.
Jusqu'à ces riens que la sottise inspire,
Tout me charmait et captivait mes sens ;
En ce temps-là, j'étais bien loin de dire :
Dans un salon qu'on est sot à vingt ans !

Je voulus voir notre jeune noblesse
Et son blason si lestement conquis ;
Je voulus voir, pardonnez ma faiblesse,
Voir de tout près des barons, des marquis.
De bonne foi, je rendis mes hommages
A leurs grands noms, à leurs titres brillants ;
Mais, j'ai depuis connu ces personnages !
Dans un salon qu'on est sot à vingt ans !

Je vois encor cette belle comtesse
Lancer sur moi des regards amoureux ;
J'entends toujours sa bouche enchanteresse,
A demi-mot, murmurer des aveux :
A ses côtés, mon cœur semblait se fondre,
Elle attendait le moindre des serments ;
Et moi, tremblant, j'hésitais à répondre ;
Dans un salon, qu'on est sot à vingt ans !

D'un jeune époux une veuve jolie,
Retrouve en moi la tournure, les traits ;
C'est bien sa voix, disait-elle attendrie,
Ses beaux cheveux, ses yeux noirs, ses attraits.

Elle serrait mes mains avec tendresse !
Que ses soupirs me paraissaient navrants...
Et bonnement je crus à sa tristesse !
Dans un salon qu'on est sot à vingt ans !

On dit souvent : si pouvait la vieillesse !...
Ah ! que ne puis-je encore quelquefois !
On dit souvent : si savait la jeunesse !...
Que n'ai-je su ces choses autrefois !
Adieu vingt ans, trésor rempli de charmes,
J'ai méconnu vos divins talismans ;
Et tous les jours je redis avec larmes :
Dans un salon, qu'on est sot à vingt ans !

JEAN-CLAUDE.

Je suis Jean-Claude, et ma mère Nicole
    Pour toute fortune m'avait ;
J'étais toujours le bouffon de l'école,
    Mon oncle Pierre alors vivait.
Mais il mourut, et dans son héritage,
    J'eus pour ma part cent mille écus ;
Malgré cela, chacun dans le village
    De moi se rit de plus en plus !
    — Si l'argent tient lieu de mérite,
    Amassez, Jean-Claude, amassez !
        Amassez vite,
        Vous n'en aurez
        Jamais assez.

Comme autrefois le maître me condamne
    A passer la classe à genoux ;

Il ne sait pas que l'affreux bonnet d'âne
  N'est pas fait pour gens comme nous.
De ma fortune on méconnaît le charme,
  Et jusqu'en nos jeux d'écolier
Mes compagnons en jouant au gendarme,
  Ne me nomment pas brigadier.
    — Si l'argent tient lieu de mérite,
    Amassez, Jean-Claude, amassez,
      Amassez vite,
      Vous n'en aurez
      Jamais assez.

Enfin, jai fui ce village imbécile
  Et tous ces paysans sans cœur,
Espérant bien trouver dans une ville
  Des gens comprenant ma valeur.
Le croirait-on ?... dès que je me présente
  On m'accueille d'un air très-froid,
Et du logis la maîtresse est charmante
  Pour des gens moins riches que moi !
    — Si l'argent tient lieu de mérite,
    Amassez, Jean-Claude, amassez,
      Amassez vite,

Vous n'en aurez
Jamais assez.

Mais ces hautains, finissant par comprendre
Que je les eusse abandonnés,
Se sont bien vite empressés de se rendre
A tous mes bals, tous mes dînés.
Buvant mon vin, faisant danser nos filles,
On a vu, c'est un fait certain,
Ces sans-le-sou d'orgueilleuses familles
Tout bas me traiter de crétin !
— Si l'argent tient lieu de mérite,
Amassez, Jean-Claude, amassez,
Amassez vite,
Vous n'en aurez
Jamais assez.

Vrai, je m'y perds ! et ne sais plus que faire !
Disait Jean-Claude exaspéré,
A quoi sert donc d'être millionnaire ;
Si l'on n'est pas considéré !
— Pauvre enrichi !... De la sagesse humaine

Apprends ce proverbe navrant :
« De boules d'or la caque serait pleine,
 « Quelle sent toujours le hareng. »
— Si l'argent tient lieu de mérite,
Amassez, Jean-Claude, amassez,
Amassez vite,
Vous n'en aurez
Jamais assez.

LE PÈRE FRANÇOIS.

Un soir, le vieux père François
      A l'agonie,
Disait à ses enfants : je crois
      Qu'elle est finie,
      Ma pauvre vie !
Je quitte un monde où j'aimais tout,
Pour m'en aller je ne sais où ;
      Mais que m'importe
      Dès que j'emporte
Ma conscience et vos adieux !
Mes bons enfants, je meurs heureux !

Quand, sur mon chemin je trouvais
      Du bien à faire,
Sans hésiter, j'abandonnais
      Ma bourse entière
      A la misère ;

Mon père me l'a toujours dit :
Le malheur ne fait pas crédit ;
  Tardive aumône
  N'est jamais bonne ;
J'ai sauvé bien des pauvres gens ;
Je meurs heureux, mes bons enfants !

Le canon gronde... le danger
  De la patrie
Nous arme contre l'étranger,
  Et je m'écrie :
  Adieu, Marie !
Ma femme en pleurs me disait : cours,
A ton pays tu dois tes jours ;
  Vivent la France
  Et l'espérance !
Nos bataillons sont triomphants ;
Je meurs heureux, mes bons enfants !

Avec quel bonheur je fêtais
  Votre naissance !
Avec quelle ardeur je donnais

De la science
A votre enfance !
J'ai fait de vous des gens d'honneur,
La tâche si douce à mon cœur
Est accomplie,
Je l'ai remplie ;
Je suis vieux, j'ai fini mon temps,
Je meurs heureux, mes bons enfants !

Quand j'étais enfant comme vous,
Ma bonne mère
Me dit : le plaisir le plus doux
Sur cette terre
C'est la prière !
J'ai fait du bien tant que j'ai pu,
C'est la prière qui m'a plu,
Et l'honnête homme
Peut, malgré Rome,
En tout temps aller trouver Dieu,
Mes enfants, il m'appelle... Adieu.

L'ARTICLE 405 DU CODE PÉNAL.

J'ai le Code pénal en main ;
J'y vois des peines rigoureuses,
Pour les manœuvres frauduleuses
Servant à duper le prochain.
De ce délit voici l'essence :
Qualités et noms supposés,
Ou la chimérique espérance
Ou l'imaginaire succès.
    Notre loi qualifie
    Cela d'escroquerie.

Tout coupable est-il arrêté ?
En voyant le monde, j'en doute,
Et j'ai rencontré sur ma route
Bien des preuves d'impunité.
Exalter ténor ou chanteuse

Que sans scrupule on sifflera,
C'est la manœuvre frauduleuse
Permise à peine à l'Opéra.
    Notre loi qualifie
    Cela d'escroquerie.

Dans un autre plan du tableau :
Voyez cet enrichi Jean-Pierre,
Oubliant le nom de son père,
Prendre celui de son château.
Il se dit marquis.... ? A ce titre
Il est des premiers invités ;
Quels sont les pièges du bélître ?
Faux noms et fausses qualités.
    Notre loi qualifie
    Cela d'escroquerie.

Un Crésus devient amoureux
D'une fillette à l'air timide ;
Corset gonflé, vertu solide,
Blanches dents et charmants cheveux.
Du bonheur il a l'assurance,

Sans marchander, il paye, eh bien !
C'est la chimérique espérance
Le soir, il ne trouve plus rien.
  Notre loi qualifie
  Cela d'escroquerie.

Ne punissez pas tous les cas
Où l'honnête fraudeur s'exerce,
Ou bien dites : adieu commerce
Adieu docteurs, banquiers, prélats.
Pourquoi faut-il tant d'indulgence ?
C'est que franchise et loyauté
N'inspirent pas la confiance
Qu'on donne au banquiste effronté,
  Bien qu'après on s'écrie :
  C'est de l'escroquerie !

ENCORE !

Il est un mot dont la douceur
Caresse et charme notre cœur,
Il n'est jamais l'écho des peines.
L'enfant, quand viennent les étrennes,
Et qu'on l'accable de joujoux,
Ecraseraient-ils ses genoux,
Dit à sa mère qui l'adore :
    Encore !

Le franc buveur, au cabaret
Ne s'émeut pas, lorsque paraît
La police toujours sévère ;
Au sergent même il tend son verre
Affirme qu'il n'est pas minuit
Et dès qu'il croit l'avoir séduit
Dit à l'hôtelier qu'il implore :
    Encore !

Dès qu'il revient à la santé
Le malade, qui fut traité
Par la saignée et l'abstinence,
Sourit quand il voit l'ordonnance
Qui permet poulet et vin vieux
Il formule ainsi ses adieux
A la tisane qu'il abhorre :
  Encore !

La jeune fille de quinze ans
Qui ne connaît pas les amants
Et que nul désir ne tourmente,
Se tait lorsqu'on la complimente
Ses yeux semblent dire : merci :
Et chacun peut traduire ainsi
Cet incarnat qui la colore :
  Encore !

Puis quand elle a promis sa main,
Quand vient le grand jour de l'hymen
On la conduit tremblante et pâle
Dans la retraite conjugale ;
D'abord elle fuit son époux,

Mais, dans un rêve tendre et doux
Elle dit, quand revient l'aurore :
  Encore !

Un peu plus tard, un bel enfant
Sur ses genoux va gazouillant
Les premiers mots de la grammaire
Que Dieu met au cœur de la mère,
Papa... maman... puis un souris ;
Que disent ces yeux attendris,
Ces baisers dont on le dévore ?
  Encore !

Encore a fait bien des heureux,
Encore a comblé bien des vœux,
C'est le prélude d'un sourire ;
Hélas, pour moi faut-il le dire,
Lorsque je chante mes couplets,
Si l'on m'épargne les sifflets,
J'attends en vain ce mot sonore :
  Encore !

ROSE LA BANQUIÈRE.

Vous savez tous que j'aime Rose
C'est la plus belle des beautés ;
Mais ses attraits sont peu de chose,
Près de ses mille qualités ;
Et d'abord, elle est financière,
Ce qui ne gâte jamais rien,
Que l'or est joli dans la main
    De Rose la banquière !

Du grand Rotschild, hélas, la caisse
Ne peut donner que de l'argent,
Sans espoir toujours elle laisse
Un cœur morose et mécontent ;
Faut-il bannir une chimère,
Des soins, des tracas ennuyeux ?
Il suffit d'entrevoir les yeux
    De Rose la banquière.

Moi, que jamais l'or n'embarrasse,
Chez Rose si je vais parfois,
C'est lorsqu'un tourment me tracasse,
Il s'enfuit dès que je la vois :
Car à ses billets je préfère,
Les doux élans de sa gaieté,
Le chagrin est vite escompté,
    Chez Rose la banquière.

Enfant, tu gémis dans la rue,
De la faim tu sens les douleurs !
Le givre, sur ta tête nue,
De tes yeux fait jaillir des pleurs.
Pour supporter tant de misère,
Pauvre enfant, tu ne sais donc pas,
Qu'aux malheureux s'ouvrent les bras
    De Rose la banquière.

On pourrait me trouver à l'aise
Si j'avais cinq cent mille écus ;
Mais un tel bien, ne vous déplaise,
Me ferait riche et rien de plus.

L'or au bonheur ne suffit guère,
Il me faudrait, pour être heureux,
Un trésor bien plus précieux...
 C'est Rose la banquière !

LA TURLUTAINE.

Connaissez-vous l'instrument
Avec lequel la linotte
Apprend très-facilement
A siffler la même note ?
C'est toujours le même son,
Toujours la même chanson,
Toujours la même rengaîne,
    C'est la turlutaine.

Chaque homme a dans le cerveau
Cette machine affligeante,
Le refrain qu'il croit nouveau
A tout propos il le chante :
Dès qu'on touche à son dada
Sans qu'il sans doute, voilà
Qu'il entonne la rengaîne
    De sa turlutaine.

Ecoutez ces magistrats
Au maintien grave et sévère,
Calculer les résultats
De la perte d'un confrère :
Voyons quel avancement
Produira ce mouvement
Pour nos fils, c'est la rengaine
    De leur turlutaine.

Admirez ce nez fleuri
Et cette proéminence,
C'est d'un prélat bien nourri
L'enseigne de l'abstinence.
Il nous prêche, après dîner,
Qu'on ne fait pas sans jeûner
Son salut... C'est la rengaine
    De sa turlutaine.

Voyez ces jeunes héros,
Intrépides à la guerre,
Utiliser leur repos
En feuilletant l'annuaire ;

De leur conversation
Le fond est : promotion.
En paix, voilà la rengaine
   De leur turlutaine.

Que de papas oublieux
Des écarts de leur jeunesse
Se posent, dès qu'ils sont vieux,
En professeurs de sagesse :
Mon fils, sois moins exigeant,
On s'amusait sans argent
De mon temps. — C'est la rengaine
   De leur turlutaine.

Ma fille, fuis les amants ;
Mon fils, prends garde aux maîtresses ;
Lise, tiens bien tes serments ;
Jules, tiens bien tes promesses.
Et chacun, sans y penser,
Et surtout sans se lasser,
Va débitant la rengaine
   De sa turlutaine.

LE MESSIE.

Fils d'Israël, il est dans vos croyances
Que le Messie en descendant des cieux
Un jour viendra terminer vos souffrances
Et vous montrer l'avenir radieux.
A votre foi, notre foi s'associe,
Et nous rassemble en un même congrès ;
Chrétiens, Hébreux, nous croyons au Messie,
    Pour tous c'est le progrès.

Quatre-vingt-neuf, cet éclair formidable
Dont la splendeur embrasa l'univers,
Devait broyer, dans sa fougue indomptable,
Le fanatisme et rompre tous les fers.
Trop de colère enfante l'inertie,
Trop d'espérance engendre les regrets !
Nous attendons encore le Messie
    Qu'on nomme le progrès.

Enfants d'Hiram, dans vos douces prières
A l'architecte et du monde et du temps,
Vous demandez pour tous le nom de frères,
L'oubli des torts, pardon pour les méchants.
D'un esprit faux la béate ineptie
Croit étouffer par d'impuissants arrêts
Vos longs appels au bienfaisant Messie,
  Sa terreur!... le progrès.

Dieu n'a-t-il pas dit aux peuples du monde:
Vers l'Orient dirigez vos regards ;
De là viendra cette flamme féconde
Qui de l'erreur doit fondre les brouillards.
Les noms qu'on donne à cette prophétie
Ont même sens aujourd'hui comme après,
Mahdi, Prophète, Imam, ou bien Messie,
  N'est-ce pas le progrès ?

Quand viendras-tu, resplendissante aurore,
Illuminer nos cœurs de ta clarté ?
Ouvrir des yeux qui sommeillent encore,
Ressusciter l'homme à la liberté ?

Tu dois donner au monde une autre vie,
A t'acclamer tous les peuples sont prêts,
Libres et fiers, ils diront au Messie :

Salut à toi Progrès !

L'ESPRIT D'ELOI....

Un cadet de noble maison
Veut savoir comment on m'appelle ;
Marquis, lui dis-je, mon blason
Est une soif toujours nouvelle ;
Puis j'ai l'illustre nom d'Eloi.
— Eloi, comment... de qui... de quoi ?
— Je vais, parbleu, vous satisfaire :
Eloi de... Eloi de... Eloi demande un verre.

Je ne trouble pas le repos
Des savants et des philosophes,
Qui savent placer à propos
Accents, virgules, apostrophes.
L'un sait le grec, l'autre l'hébreu,
L'autre sait tout, je sais bien peu,
Pour toute science en grammaire,
Moi je sais... moi je sais... moi je saisis mon verre.

S'agenouiller aux pieds des grands,
Les écraser de flatteries,
Voilà le monde, et je comprends
De nos sages les railleries.
Qu'on me dise : rends tes devoirs,
Rends hommages à tous les pouvoirs.
Pour obéir à ma manière,
Moi je rends... moi je rends... moi je remplis mon
[verre.

On sait vivre de son état,
Le poëte de l'épopée
De ses chicanes l'avocat
Et le soldat de son épée ;
L'amant vit d'eau fraîche et d'amour,
De ballades le troubadour
En attendant un ministère
Moi je vis... moi je vis... moi je vide mon verre.

LAMENTATIONS D'UN BEDEAU.

Qu'avez-vous donc, mon vieux bédeau,
Et quel sujet vous exaspère ?
— Voisin, j'étouffe de colère,
Encore un ouvrage nouveau !
Renan, que l'enfer l'extermine !
Voudrait destituer Jésus,
S'il y parvient, nos revenus
Feront une piteuse mine.
  Ce Renan-là nous le paiera !
  Le voisin dit : Landerirette.
  Ce Renan-là nous le paiera !
  Le voisin dit : Landerira.

Ce livre, avec tout son fatras,
Peut nous causer des catastrophes,
Je vois déjà nos philosophes
Rire en dessous... les scélérats !
Si Jésus est mis en retraite,

Celui qui va lui succéder
Voudra-t-il bien vous concéder,
La dîme, l'offrande et la quête ?
 Ce Renan-là nous le paiera !
 Le voisin dit : Landerirette
 Ce Renan-là nous le paiera !
 Le voisin dit : Landerira.

On aime tant le changement,
Que nous pouvons craindre un naufrage,
Ce serait vraiment bien dommage ;
Cela marchait si joliment !
On nous payait même en Carême,
Pour faire son petit salut ;
Et ce cousin de Belzébuth,
Veut bousculer notre système !
 Ce Renan-là nous le paiera !
 Le voisin dit : Landerirette.
 Ce Renan-là nous le paiera !
 Le voisin dit : Landerira.

Nous voyons depuis quelque temps
Des cuistres nous faire la guerre,

A l'instar d'un nommé Voltaire,
On appelle ça... des savants ;
Autrefois, nous aurions pu dire
A nos fidèles courroucés :
Ne croyez pas ces insensés !....
Mais aujourd'hui chacun sait lire.
  Ce Renan-là nous le paiera !
  Le voisin dit : Landerirette.
  Ce Renan-là nous le paiera !
  Le voisin dit : Landerira.

Mon vieux curé m'a souvent dit :
Notre planète est assombrie
Par l'infernale imprimerie ;
Que son inventeur soit maudit !
Qu'on se borne à des évangiles,
Des cantiques, des mandements,
On verra les gouvernements
Mieux dirigés et plus dociles.
  Ce Renan-là nous le paiera !
  Le voisin dit : Landerirette.
  Ce Renan-là nous le paiera !
  Le voisin dit : Landerira.

Si nous ne pouvons nous venger,
Prêchons alors la tolérance ;
Surtout, qu'en toute conscience,
On peut aisement s'arranger.
Que Renan donne aux séminaires
L'argent que son livre a produit ;
Et, pour ceux qu'il fait aujourd'hui,
Partageons avec ses libraires.

   Croyez-vous qu'il consentira ?
   Le voisin dit : Landerirette.
   Alors, tant pis, il le paiera !
   Le voisin dit : Landerira.

L'ARGENT

Conseils d'un rentier à son fils

—

Sur cette terre,
Je ne vois guère
D'autre bonheur que celui de l'argent,
Et la richesse,
Je le confesse
Tient lieu d'esprit, de vertu, de talent.
Mon cher enfant, sois digne de ton père,
De vieux écus son coffre est bien rempli ;
En voilà plus qu'il n'en faut, je l'espère,
Pour que tu sois un jeune homme accompli.

L'esprit, mon fils, est une marchandise
Dont on n'a pas toujours un grand débit,
Même au dessert d'une table bien mise,
On cause bourse et jamais on ne rit.

A quoi te sert d'être un savant, un sage ?
Laisse tels lots aux pauvres gens de bien ;
Ils vont courbés sous ce triste bagage,
Quand l'argent seul donne un noble maintien.

A quoi, bon Dieu ! veux-tu donc que te serve
L'amour des arts, du grec et du latin ?
Un sac d'écus donne bien plus de verve,
Qu'un tel amour qui fait mourir de faim.

Va ! ne crains pas de passer pour ignare,
Quand on est riche, on peut tout ignorer ;
Un sot Crésus, surtout s'il est avare,
Est un veau d'or qu'on doit idolâtrer.

Que des honneurs l'ambition t'agite,
Places, rubans, un jour t'arriveront ;
A la fortune on pèse le mérite,
Et mes contrats de poids te serviront.

Si tu songeais un jour au mariage,

A ta future il faut dire gaiement :
Je puis passer pour un sot, mais je gage,
Qu'homme d'esprit n'eut jamais tant d'argent.

Mets à profit ma longue expérience,
Vis pour toi seul, sans souci du prochain ;
Fi ! du mérite, et vive la finance !
Jamais chanson n'eut un plus vrai refrain :
  Car sur la terre,
  Je ne vois guère
D'autre bonheur que celui de l'argent ;
  Et la richesse,
  Je le confesse,
Tient lieu d'esprit, de vertu, de talent.

LE CANCAN DES TROIS COMMÈRES.

Les moindres faits, par des langues habiles,
　　Deviennent crimes effrayants ;
Et chacun sait que les petites villes
　　Sont de grands foyers à cancans.
Il est si doux, quand on n'a rien à faire
　　De s'occuper de son prochain
　　(Pour en mal parler, c'est certain,
On bâillerait en faisant le contraire),
　　Et puis que faire au coin du feu,
　　Si l'on ne peut médire un peu.

Mère Voit-Tout, quel scandale effroyable
　　Met en rumeur notre quartier !
Une modiste !... Ah ! c'est épouvantable
　　De tolérer pareil métier.
Figurez-vous qu'un jour, pendant la messe,
　　J'ai vu nos jeunes élégants

Qui semblaient essayer des gants...
Mais c'était pour courtiser la drôlesse !
Pendant la messe... Ah ! quelle horreur
J'en frisonne sur mon honneur.

Mère Laspic, ceci n'est rien encore
Un soir, c'était la Saint-Martin,
Un militaire entra chez la Pécore
Et n'en sortit que le matin.
Le lendemain, cette fille impudique
Osait raconter sans rougir
Qu'elle avait pris bien grand plaisir
Pendant la nuit à causer politique.
Jamais l'Etat ne périra
De cette politique-là.

Triple-Vertu s'écrie : Ah ! mes commères,
J'éprouve la plus sainte horreur
Pour les on-dit, les propos téméraires,
Que m'en préserve le Sauveur.
Ne dit-on pas, c'est là ce qui me vexe
Qu'elle a fait au moins un enfant

Qu'on nomme.... je ne sais comment,
Le diable seul pourrait dire son sexe ;
Il était tout petit pourtant,
Mon Dieu, que le monde est méchant.

L'enfant n'aura pas besoin qu'on le nomme
Dit un voisin, apprenez donc
Que la modiste.—Eh bien ?—C'est un jeune homme
Qui veut fuir la conscription.
A l'instant même un gendarme l'arrête
Pour le conduire au régiment,
Pour vous, c'est bien fâcheux vraiment ;
Mais en dedans, chaque vieille répète :
Ma foi, tant pis, ce cancan-là
Pour une autre un jour servira.

LES HOMMES D'AUTREFOIS.

Les hommes d'autrefois,
Ma belle Madeleine,
Valaient bien, je le crois,
Votre beau capitaine :
Ils étaient gais, polis, galants,
Tournaient fort bien les compliments,
Croyez m'en, j'ai la soixantaine.
Mais aujourd'hui
C'est à mourir d'ennui...
Voilà les hommes d'aujour'dhui.

Un homme d'aujourd'hui
Veut-il un mariage,
Il faudrait que pour lui
On établit l'usage
De faire, sans objection,

L'amour par procuration,
De mon temps, on était plus sage,
Car autrefois,
Empressés et courtois...
Voilà les hommes d'autrefois.

Les hommes d'autrefois
Se tiraient mieux d'affaire ;
Ils savaient à la fois
Nous aimer et nous plaire.
Tout occupés de leur amour,
Ils en rêvaient la nuit, le jour ;
Maintenant c'est tout le contraire !
Car aujourd'hui,
C'est à mourir d'ennui..
Voilà les hommes d'aujourd'hui.

D'un homme d'aujourd'hui,
Voici le caractère :
Dès que le jour a lui
Dans un cercle il s'enterre ;
Il fuit avec soin le salon,

Et nous préfère sans façon,
Ses chiens, sa bouillotte et son verre.
Mais autrefois,
Empressés et courtois....
Voilà les hommes d'autrefois.

Un homme d'autrefois
Etait bien plus aimable ;
S'il se grisait parfois,
C'était toujours à table ;
Aussi, ses joyeuses chansons
Venaient égayer nos maisons,
Croyez-moi, c'était préférable.
Mais aujourd'hni,
C'est à mourir d'ennui...
Voilà les hommes d'aujourd'hui.

D'un homme d'aujourd'hui
Le sérieux me glace,
Dites quel est celui
Qui sourit sans grimace ?

Le rire n'est plus de saison ;
Honneur à la froide raison !
Le monde a bien changé de face :
  Car autrefois,
 Empressés et courtois...
Voilà les hommes d'autrefois.

 D'un homme d'autrefois,
  Ma belle Madeleine,
 J'accueillerais le choix,
  Malgré ma soixantaine ;
Si quelque beau muguet du jour,
Voulait me faire un doigt de cour,
Je lui... mais ma terreur est vaine,
  Car aujourd'hui...
 C'est à mourir d'ennui,
A bas les hommes d'aujourd'hui !

LE CHIEN D'ARTHUR.

Arthur, garçon de bonne mine,
Amoureux, et surtout discret,
Aimait Constance, sa cousine,
Leur amour était un secret.
Arthur avait un chien fidèle,
Que nul ne soupçonnait courrier ;
Qui donc portait, dans son collier,
De tendres billets à la belle ?
    C'est, à coup sûr,
      Le chien d'Arthur.

On éloigna de la famille
Le pauvre Arthur, il n'avait rien !
Mais les pleurs de la jeune fille
Obtinrent grâce pour son chien.
On l'accueillit sans méfiance,
Et sans redouter le danger,

Pourtant, quel est le messager
De la réponse de Constance ?
>C'est, à coup sûr,
>Le chien d'Arthur.

Confiant dans son émissaire,
L'amour faisait des rêves d'or,
Et ce qu'on pouvait dire ou faire
Tombait au compte de Médor :
Si, chez Constance, on croit entendre
Un murmure, puis un baiser,
A qui peut-elle s'adresser
D'une voix si douce et si tendre ?
>C'est, à coup sûr,
>Au chien d'Arthur.

Pourquoi Constance s'en va-t-elle
Se blottir au fond du jardin,
Et s'enfermer sous la tonnelle ?
Son père arrive, mais soudain
Quelqu'un a franchi la barrière
Et disparaît à tous les yeux :
— Ma fille, qui fuit de ces lieux ?

— Qui fuit ? Mais, je ne sais, mon père,...
C'est, à coup sûr,
Le chien d'Arthur.

Dans la chambre de la fillette
On a marché pendant la nuit,
Le père, à sa femme inquiète,
Demande d'où provient ce bruit ?
— Si Constance n'était pas sage,
On dirait bien qu'un amoureux...
— Taisez-vous donc, vilain peureux,
La cause de tout ce tapage,
C'est, à coup sûr,
Le chien d'Arthur.

Tant va la cruche à la rivière...;
Que nos deux amants, un beau jour,
Des parents bravant la colère,
Firent l'aveu de leur amour.
Le père, en vain, prit l'air féroce,
Il fallut, c'était trop urgent ;
Donner sa fille et son argent,

Or, qui fut cause de la noce?...
C'est, à coup sûr,
Le chien d'Arthur.

LES IMPOTS ROSES.

Air : Les Bêtes couronnées.

—

Un beau matin m'occupant des finances,
    Au ministre j'ai dit tout bas :
Vous ne pouvez faire face aux dépenses,
    Je vais vous tirer d'embarras.
Pour les impôts trop vieux sont vos systèmes :
    J'en ai de tout neufs, et par eux
Les imposés s'exécutent d'eux-mêmes
    En se déclarant fort heureux.
        En douceur je lui coule
        Qu'il faut étudier
        L'art de plumer la poule
        Sans la faire crier.

Des malveillants peut-être oseront dire
    Qu'avant d'augmenter les impôts
Il serait bon de songer à réduire

Les traitements. Quel sot propos !
Ceux qui les ont trouvent, je le parie,
Qu'ils sont encore insuffisants.
Il est si doux d'alléger sa patrie
De revenus embarrassants.
En douceur je lui coule
Qu'il faut étudier
L'art de plumer la poule
Sans la faire crier.

Or, écoutez ce que je vous propose
Pour arrondir votre budget,
C'est d'établir un petit impôt rose
Et de loi, voici mon projet :
Paragraphe un : Fillette belle, sage
Et jeune paiera dix écus.
Nos laiderons, dissimulant leur âge,
A tout prix voudront des reçus.
En douceur je lui coule
Qu'il faut étudier
L'art de plumer la poule
Sans la faire crier.

Article deux : tous les hommes d'élite
 Et d'un esprit supérieur,
Seront taxés en raison du mérite
 Qu'ils avoueront au percepteur.
Cher percepteur, fais élargir tes coffres,
 Le plus grand serait trop petit
Pour encaisser les magnifiques offres,
 Des sots qui visent à l'esprit.
  En douceur je lui coule
   Qu'il faut étudier
  L'art de plumer la poule
   Sans la faire crier.

Article trois : De l'impôt on dispense
 Les acteurs manquant de talent,
Tous les journaux manquant de conscience,
 Tout fonctionnaire indolent.
Vous le verrez, ceux-là que je désigne
 Enrichiront la nation.
Quel est celui qui se jugerait digne
 De jouir de l'exception ?
  En douceur je lui coule
   Qu'il faut étudier

L'art de plumer la poule
   Sans la faire crier.

Article quatre : Il est aisé d'admettre
   Que les filous sont fort nombreux,
Et que pas un ne désire paraître
   Ce qu'il est, c'est trop dangereux.
Or, imposez chaque honnête personne ;
   Tous les fripons, en vérité,
Sans hésiter paieront pour qu'on leur donne
   Un diplôme de probité.
       En douceur je lui coule
       Qu'il faut étudier
       L'art de plumer la poule
       Sans la faire crier.

Article cinq : Des épouses fidèles
   Les maris seront imposés;
Cependant, ceux qui ne sont pas sûrs d'elles
   De l'impôt seront dispensés.
Que du bureau la porte soit bien haute
   Pour qu'ils passent sans se baisser,
Car, pas un seul ne commettra la faute
   De douter et de refuser.

En douceur je lui coule
Qu'il faut étudier
L'art de plumer la poule
Sans la faire crier.

Article six :... Mais ici je m'arrête ;
Il ne faut pas être exigeant ;
En augmentant ainsi notre recette
Que ferons-nous de tant d'argent ?
Comptons un peu sur le patriotisme
Des fonctionnaires gagés
Qui voudront bien accepter, par civisme,
Les excédents de nos budgets.
En douceur je lui coule
Qu'il faut étudier
L'art de plumer la poule
Sans la faire crier.

LA CONSULTATION DE MAITRE FINAUD.

Maître Finaud, avocat fort capable,
 Avait un superbe chien noir ;
Caniche était d'une adresse admirable,
 Ainsi que vous allez le voir :
Rangé, soigneux, dès qu'il put se connaître,
 A ne rien perdre on l'exerçait;
Si dans la rue une poule passait,
 Il l'apportait vite à son maître,
  Les avocats
  Se tirent toujours d'affaire,
  Et certes on n'en voit guère
  Dans l'embarras.

Maître Finaud, pour le jour de sa fête,
 Voulait un repas assorti ;
De son menu la liste serait prête,
 S'il ne lui manquait un rôti.

L'intelligent caniche le devine
Et file sans dire un seul mot,
Chez un boucher décrocher un gigot
Qu'il vient remettre à la cuisine.
Les avocats
Se tirent toujours d'affaire,
Et certes on n'en voit guère
Dans l'embarras.

Mais le boucher, soupçonnant le mystère,
Vient chez Finaud d'un air naïf :
— Maître, dit-il, de votre ministère
Je veux un avis positif :
Hier, un chat m'a volé sur ma table
Une grosse perdrix aux choux ;
D'après vos lois, dites-moi, pensez-vous
Que son maître soit responsable ?
Les avocats,
Se tirent toujours d'affaire.
Et certes on n'en voit guère
Dans l'embarras.

Maître Finaud, sans se douter du piége,
Que lui tendait le consultant,
Lit des arrêts de Colmar ou de Liége,
Et répond : Le maître est garant.
— Etes-vous sûr ? — Sûr comme de mon âme !
— Tant pis ! car votre chien, tantôt,
— A mon étal à soustrait un gigot,
C'est cinq francs que je vous réclame.
Les avocats
Se tirent toujours d'affaire,
Et certes on n'en voit guère
Dans l'embarras.

Soit, dit Finaud, si caniche est coupable,
J'admets la réclamation ;
Mais vous devez, n'est-ce pas équitable,
Payer ma consultation.
Or, je vous dois cinq francs pour le dommage,
Il m'en faut dix pour mon avis ;
Payez cent sous, et restons bons amis,
Ou j'en réclame davantage.
Les avocats
Se tirent toujours d'affaire
Et certes on n'en voit guère
Dans l'embarras.

RESURREXIT.

A mon maître et ami Gustave Nadaud.

—

Mes bons amis, pourquoi ces fronts sévères ?
Pourquoi toujours des larmes dans vos yeux ?
Des meilleurs vins, vite emplissons nos verres
Et fredonnons nos airs les plus joyeux :
Du chansonnier, brisant le mausolée,
Enfin la muse a repris son essor,
Au ménestrel, elle s'est envolée
Amis, buvons, Béranger n'est pas mort !

Il est de nous comme de toute chose,
Que l'on croit morte et qui renait souvent,
Pour moi, la rose est pareille à la rose,
Malgré les noms dont l'accable un savant.
Titre nouveau, mais voix toujours suave,
Le vieux poëte a su tromper le sort ;

Pierre il expire en renaissant Gustave,
Amis, chantons, Béranger n'est pas mort !

Cache-toi bien, préjugé ridicule !
Vite fuyez, envieux et pervers !
Il vit toujours celui dont la férule
Sait en riant châtier vos travers.
Mais nous, amis de la gaîté française,
De cet esprit qui coule sans effort,
Longtemps encor, nous pourrons à notre aise
Rire des sots, Béranger n'est pas mort !

Lisette, allons, prends tes habits de fête,
D'un triste deuil le terme est bien échu,
A te chanter, chacun de nous s'apprête,
Cueille une rose et jette ton fichu :
De ton ami, la verve rajeunie,
Pour nous charmer, te fait plus belle encor,
Sous d'autres noms, c'est le même génie !
Lise, un baiser ! Béranger n'est pas mort !

Le cœur le dit : toujours une prière
Trouve un accès près d'un Dieu bienveillant,
De la chanson nous réclamons le père,
Il nous le rend plus jeune et plus brillant.
Des vieux refrains, sa lyre dépouillée,
D'un rhythme neuf emprunte le ressort :
Nous chanterons encore à la veillée ;
Salut Nadaud ! Béranger n'est pas mort !

AU PRIX QU'EST L' BEURRE.

Combien de ménages troublés
Par la cherté de nos denrées,
Ont, de leurs prix plus que doublés,
Accusé nos lignes ferrées !
Le beurre est si cher à présent,
Que tous les jours ma femme en pleure,
Et dit, quand je veux de l'argent :
Malheureux ! songe *au prix qu'est l'beurre !*

On doit s'épouvanter vraiment
Du taux des choses qu'on achète ;
Aussi, je fais soigneusement
Cadrer et dépense et recette.
Soir et matin, mon cuisinier
Chante aux échos de ma demeure :
Secouer l'anse du panier,
C'est impossible *au prix qu'est l'beurre !*

Jadis l'aimable Rose avait
Pour ses faveurs un prix honnête ;
Aujourd'hui ce prix ne pouvait
S'accorder avec sa toilette.
Hier, son cœur était à vous
Pour cent sous pendant toute une heure !
Son tarif est encor bien doux....
C'est peu, vingt francs.... *au prix qu'est l'beurre !*

Puisque tout augmente, il faut bien
Vivre ici-bas d'économie ;
Mais je tremble, comme chrétien,
Qu'il soit de même en l'autre vie.
Une messe coûtait vingt sous,
Aujourd'hui, sans être meilleure,
C'est trois francs,... mais que voulez-vous
Ce n'est pas cher *au prix qu'est l'beurre !*

Le gouvernement songera
Au sort de ses fonctionnaires,
Et sans doute il augmentera
Leurs trop insuffisants salaires.

Dix mille écus pour un Préfet !....
De faim voulez-vous donc qu'il meure ?
Le brave homme, dit en effet :
C'est dérisoire *au prix qu'est l'beurre !*

Les honneurs, ne sont rien, je crois,
Près de l'argent qu'il faut pour vivre ;
Combien préfèrent à la croix
Une inscription au grand livre.
J'en entends, des plus modérés
S'écrier : d'espoir on nous leurre !
On ne nous a que décorés !...
C'est ridicule *au prix qu'est l'beurre !*

On peut voir ce que nous valons,
Disent fièrement nos bélîtres,
Quand on songe au prix des melons
Et des concombres et des huîtres.
Ils ont raison sans contredit,
D'accord avec eux je demeure ;
Mais est-ce bien à leur esprit
Que nous devons *le prix qu'est l'beurre !*

TABLE

Au Diable la Préface...............................	5
*La Lyre brisée (Adieu à Béranger)...............	9
Le Docteur Bon-Sens...............................	12
Mon Livre d'Heures................................	15
*Pardonnons au Prochain...........................	17
*Les Singes.......................................	20
La Main...	24
*Le Treizième.....................................	27
La Mine d'Or......................................	32
On y viendra.... on y viendra.....................	35
*Souvent Femme varie..............................	38
*L'Eté..	41
*Sagesse et Folie.................................	44
*Les Tribulations du bon Dieu.....................	47
*Les Bêtes couronnées.............................	50
*Les Esprits......................................	54
*La Gravité.......................................	58
*Bourgogne et Bordeaux............................	61
*Le Théâtre Humain................................	65
Mon Verre...	69
Contre Fortune Bon Cœur...........................	73
*Le Gendre Pierrot................................	76
*les Toiles d'Araignée	79

La Confession des Cloches.............................	83
La Pologne et les Chansons...........................	87
La Ligne droite......................................	90
*Monsieur le Maire...................................	93
*Tu te Maries..	96
*Fructus Belli.......................................	99
*La Passe à la Bécasse...............................	103
*Saint Yves..	107
Pauvres Garçons......................................	124
*L'Intelligence et l'Instinct........................	127
*L'Amitié..	132
Une bonne Fortune en Diligence.......................	135
*Saint Hubert, Patron des Chasseurs	138
*Le Caporal Francœur.................................	145
*Le Dieu des Ivrognes................................	149
Le Bon Dieu rit......................................	153
Qu'en pensez-vous Confrère?..........................	156
*Maudits Proverbes...................................	159
*La Traite des Blancs................................	162
*Les Deux Mathieu....................................	165
*Les Recours en Grâce................................	168
*L'Ami Morel...	172
*Le Nuage..	176
*Voyage en Chine.....................................	180
L'homme raisonnable..................................	185
Les Petits Maux......................................	188
*Mes yeux..	191
*Je me convertis.....................................	194
*Un Père au Désespoir................................	198
*Les Limes...	201
La Cage..	205
Le Diable abdique....................................	208
Le Docteur Champagne	211
L'Uniforme du vieux Grenadier........................	214

Mon Acte de Contrition	217
La Montre	220
Le Boucher Philanthrope	223
Mon Chien	227
Un Baptême chez les Francs-Maçons	231
Regarder autour de soi	254
On peut en rire	237
*Les vieux Chiffons	240
*Jeune et Vieille	243
Qui sait ?	246
Ce qu'on n'a pas... Ce qu'on n'a plus !	249
*Un homme dangereux	252
*Le Père Sans-Façon	257
*Les Mendiants	260
*Aimer et Boire	265
*Tout est Bien	269
*Les deux Jumeaux	272
*La Fête des Morts	275
*Saint Côme et Saint Damien	278
*L'Alliage	288
*De la Lune	291
*Les Désespoirs d'un Photographe	295
Les Rongeurs	300
*Mon Convoi	303
*Le Credo des Hommes	307
*Le Monde et Vingt ans	310
Jean-Claude	313
*Le Père François	317
L'Article 405 du Code pénal	320
Encore !	323
*Rose la Banquière	326
La Turlutaine	329
Le Messie	332
L'Esprit d'Eloi	335

Lamentations d'un Bedeau.................................... 337
*L'argent 341
Les Cancans des Trois Commères............................ 344
*Les hommes d'autrefois 347
*Le Chien d'Arthur.. 351
*Les Impôts roses... 355
*La Consultation de Maître Finaud.......................... 360
*Resurrexit... 363
Au prix qu'est l'beurre..................................... 366

Nancy, Imp. de N. Collin.

www.ingramcontent.com/pod-product-compliance
Lightning Source LLC
Chambersburg PA
CBHW052237220526
45471CB00001B/86